# 救え!! トイレの若手さん

若手教師を支えるミドルリーダーの接し方

前川智美
Tomomi Maekawa

東洋館出版社

# はじめに

「いい先生になりたい」
「もっと成長したい」

子どもたちへの思いが強ければ強いほど、空回りばかりしてしまう。

がんばりたい気持ちはあるのに、なかなか前に進めない。

誰かに相談したいけど、そもそも相談していいことなのかわからない。

仕事の優先順位がつけられず、すべての仕事を同じ熱量でこなそうとして、疲弊してしまう。

本書には、そんな不器用な「若手さん」が登場します。とても繊細で傷つきやすく、一人で考えすぎて空回りしてしまう性格です。どうにもうまくいかない自分が悔しくて、情けなくて、悲しくて、トイレでこっそりと泣いてしまいます。

読者のみなさんの目には、「ひ弱すぎる若手教員」だと映るかもしれません。

若手さんの一面を見て、もしかすると「ちょっとネガティブすぎない？」と感じる人もいるでしょう。「いやいや、そういう若手さんなら、うちの学校にもいるよ」という人もいるかもしれません。あるいは、「そんなに苦しいんだったら、転職したらいいんじゃないの」と思われるかもしれません。

確かに、若手さんの心のなかは、不満や嘆き、愚痴でいっぱいです。しかし、けっして責任転嫁しようとする意図はなく、周囲に八つ当たりしたいわけでもありません。

自らネガティブになりたいと望む若手さんはいません。好んでトイレで泣いている人もいません。その裏には必ず原因があり、周りに迷惑をかけてしまうことへの不安と、若手さんなりの遠慮や気遣いがあります。どうにかしたいのにうまくいかなくて、若手さんは本当に困っている状態です。

この本を手に取ってくださった方の中には、かつて、実際にトイレや更衣室でこっそりと泣いたことがある人もいるかもしれません。職場のトイレではないけれど、家に帰って涙が出たり、ＳＮＳ上で愚痴や嘆きを吐き出したりした経験がある人もいることでしょう。

そこには、いろいろな困難があり、がんばりたくても力を出せない、人それぞれの悩みがあるはずです。そんな、教員なら誰でも一度は味わったことのある〝つらさのエッセンス〟

をかき集めたのが、本書に登場する「若手さん」なのです。

　現在、全国の学校現場では、慢性的に教員が不足しています。「教員を志望する人が減っている」ことと、「休職や退職してしまう教員が増えている」ことのダブルパンチで、とても深刻な状況です。突然、現場から教員が去ってしまうと、残された教員一人一人の負担はますます大きくなり、子どもたちに悪い影響が及びます。ましてや、若手教員ばかり辞めてしまうのであれば、学校全体の活気も失われていくことでしょう。そうならないよう、学校にはさまざまな対応が求められます。

　そこでキーマンとなるのが、本書に出てくる「ミドルさん」こと、ミドルリーダー層の中堅教員です。教職年数の少ない教員が多い学校であれば、20代であっても「ミドルさん」として、後輩の育成にあたっていることでしょう。そのようなミドルさんもまた、日々悩みながら、二人三脚で若手さんと共に成長しようと必死にもがいています。


　私はこれまで12年間、公立学校の現場で働いてきました。

　本書では、私がその間に接してきた若手教員との日常や、現場で見聞きしたこと、お世話になった先輩方の姿をもとに、「こんなミドルさんがいたら、みんながハッピーになれるなぁ」と思いながら、ミドルさんの傍で一人前に成長していく若手さんの物語を描きました。

たった一人だけでもいい。

この本をきっかけに、一人で苦しんでいる若手さんが救い出され、学校という場所が「誰一人取り残さない」温かい場所に近づくとしたら、どんなに素晴らしいだろう。
そんなことを思いながら、この「トイレの若手さん」に魂を吹き込みました。

今回、若手さんの悩みをマンガで表現してくださったのは、SNSで大人気の漫画家、すやすや子さんです。ページをめくるごとに若手さんが成長していく様子を、すやすや子さんのユーモア溢れるマンガとともにお楽しみください。

それでは、ページをめくって若手さんの物語をのぞいてみましょう。

令和5年8月吉日　前川　智美

# 目次

# プロローグ

今日から新しい毎日が始まる。

「うわぁ、桜がきれい…」

朝の空気を胸いっぱいに吸い込みながら、これから始まる教員生活に思いを馳せる。

教師になりたいと思ったのは、いつの頃だったろう。

中学時代、恩師に出会って私の人生は変わった。

恩師がいなかったら、私は道を誤っていたかもしれない。

学校教育がなかったら、今の自分は存在しなかったと思う。

自分を育ててくれたのは学校だ。

「学校教育という営みに恩返しがしたい」

そんな思いで教育学部の門を叩き、ここまで歩んできた。

自分が教師に向いているのかどうかは、正直わからない。

ずっと自信がないまま今日まで来てしまった。

教師の現場は過酷だと聞く。

私に務まるだろうか。

人間関係は得意じゃない。

人前に立つのも苦手。

人より心配性で自信がない。

ユーモアがあるわけでもないし、これといった特技もない。

取り柄といったら真面目なことくらい…。

子どもたちはこんな私を「先生」と呼んでくれるのだろうか。


初任校はアットホームな学校らしい。

「うちにはいろんな年齢層の先生がいるから、初任者が働きやすい学校だと思うよ」

校長先生はそんなことを言っていたけど、ほんとかなぁ。

地元の両親や友達は、私のことを応援してくれている。
たとえどんな学校でも、ここまで来たらやるしかない。
きっと大丈夫、何とかなる。
やるしかない。
とにかくスタートラインに立ってみよう。
そして、あとのことはやってみてから考えよう。

どんな子どもたちが待っているんだろう。
楽しみだなぁ。
これからどんな物語が始まるんだろう。
ワクワクするなぁ。

このドアを開けたら、新しい日々が待っているんだ。
ここから始まる私の人生。
さぁ、行ってみよう。

PART 1

# 大いに張り切るも
# 壁にぶつかる
# 1年目の「若手さん」

# ドキドキの学級担任
## 初任なのに担任なんて！

## 若手さんの心の声

うわー、1年目から学級担任になっちゃった。

頑張りたい気持ちはあるけど、初任者に担任を任せるのはフツウのこと？　この学校のこともまだよくわかっていないのに…。大学時代の先輩は、担任になって学級崩壊したって言ってたっけ。その後、確か病休に入っちゃったんだよな。自分に耐えられるだろうか。

子どもたちは新しいクラスの発表を楽しみにしているんだろうなぁ。自分みたいな初任者が担任だなんて、子どもにも保護者にも申し訳ない。

でも、くよくよしていても仕方ない。これも勉強だと思って頑張ってみるか…。

（3か月後）

担任になって3か月。毎日、つらいと思いながらここまで来た。いまだに子どもたちとも馴染めていないし、どうすればいいのかもわからない。トラブル続出で精神的にも疲れた。副担任がうらやましいなぁ。

これからも教員を続けていきたいけど、こんな調子で大丈夫かな…。

### ◆「横に立てる」伴走型の支援

初任で担任をもつのは、間違いなく大変です。なかには「担任をもつのが夢だったんです！」と公言するほど意欲的な初任者もいますが、多くの人は「自分に務まるのかな…」と不安に思っています。民間企業であれば、新人研修を受けてから現場に出るのが一般的です。それなのに、学校では初任者であっても、いきなり担任をもたされます。

ここで最初に必要なのは、「そうだよね」の共感と寄り添いです。「不安なんです」とつぶやいている若手さんに対して、間違っても「初任で担任をもつなんて、今じゃ当たり前だよ」「弱音なんて吐いている場合じゃなくて、やるしかないんだよ」などと言って突き放してしまわないようにしたいものです。

**「そうだよね、初任で担任をもつのは不安だよね」**

**「学校のこともまだわからないのに大変だよね。みんなで支えるからね」**

まずは若手さんの立場に立ってみて、寄り添う姿勢を示すことが大切です。

これからの時代、教育現場で求められるのは、必要に応じて子どもの「横に立てる」伴走型の支援ができる教員です。

子どもが主体的に学び、「自律」できるようにするには、まずは教師である大人たち自身が「自律」している必要があります。現場に出たばかりの初任者たちもそうです。将来的には「自律」した教員になれるように、ミドルさんをはじめとする周囲の先生方が、適切に支援していくことが必要なのです。

さらに、若手さんを支援することは、これからの学校づくりや子どもを支援する方法を学ぶ機会にもなるので、ミドルさん自身の成長にもつながります。

## ◆キーワードは「一緒に」

初任で担任になった若手さんを救う言葉。それは、**「一緒に頑張ろう！」**の一言です。この言葉のよいところは、どの年代が使ってもそれぞれの温かみが伝わるという点です。

例えば、同世代の20代の先生から「一緒に頑張ろう！」と言われたとしたらどうでしょう。若手さんは「年齢も近そうだし、一緒に頑張れそうな気がしてきた」と親近感とやる気が湧いてきます。

では、30代のミドル層の先生から言われたらどうでしょう。「この先生を手本にしてしっかりとついていこう」と安心できるのではないでしょうか。

そして、40代以上のベテラン層の先生に言われたら、「こんなベテランの先生が『一緒に』

と言ってくれるなんてありがたい。わからないことは相談しながら頑張ってみよう」と勇気が湧いてくるはずです。

若手さんが最も恐れているのは、困ったときに孤立してしまうことです。だからこそ**「一緒にやるから大丈夫だよ」**というメッセージを届けることが本当に大切なのです。

## ◆自分のノウハウは惜しみなく伝授する
## 「困ったときは、私のやり方を全部真似していいよ！」

この一言があると、不安そうだった若手さんの顔が明るくなります。頼りがいのある先輩から「全部真似していいよ！」と言ってもらえると、若手さんは安心します。「この先輩と一緒に担任ができるなんて心強い！」「よかった…」と思ってもらえる瞬間です。私が過去にお世話になった先輩方も、「この人は一流だな」と思う人ほど、知識やノウハウを惜しみなく伝授してくれました。

ノウハウを教えてくれた先輩には恩返しをしたくなるものです。きっと、「先輩がこれだけ応援してくれているのだから、自分も頑張ろう！」「学んだことを生かして、自分も早く一人前になろう！」と、担任の仕事に対するモチベーションを上げてくれることでしょう。

### ◆「いち担任&隣のクラスの副担任」になる

学級経営を成功させるためには、学年集団のチームワークが重要です。同じ学年に初めて担任をもつ若手さんがいたら、ミドルさんは若手さんのクラスの副担任になったような気持ちで気にかけていきたいものです。

一方で、「ミドルさん自身もいち担任」であることを忘れずに、若手さんに「担任としての背中」を示し、背中から学べる環境にしていけると理想的です。

「いち担任」でありながら、「隣のクラスの副担任」のつもりで、チームで若手さんを支えていくことが、ひいては学年経営の成功につながります。

# 予想以上の仕事量、やってもやっても終わらない

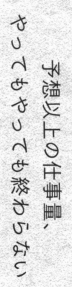

## 若手さんの心の声

もう泣きたい…。

やってもやっても終わらない。帰りたいのに帰れない。次々と降りかかってくる想定外の仕事の数々。急な保護者への応対やアンケート処理、事務作業など、一つ一つの仕事はちょっとしたことなんだけど、積み重なると思った以上に時間を取られてしまう。

今日は給食を食べる時間もなかった。お腹が空いていることすら忘れていた。ふう、ようやく職員室の椅子に座れたぞ。と思ったら、電話がかかってきた。今日の子ども同士のトラブルの件かな？

…電話、思った以上に長くなってしまった。あれ？　もうこんな時間か。まずいぞ、明日は授業が多くて空き時間もないのに、授業準備が終わっていない。

でもまずは学年主任に言われた事務仕事を早く片づけなくちゃ。あ、次の職員会議に出す資料も作るんだった。欠席してた子に明日の連絡も入れないと。小テストの採点もまだだった。もう、どうしてこんなに仕事に追われてしまうんだ！

だけど…自分が本当にやりたいことって、これだっけ？

## ◆「やらないこと」を決める

学校現場に限らないことですが、若手さんが困らないよう「やるべきこと」を明確にするのは大切なことです。しかし、指示さえすればいいというものではありません。それだけでは、仕事に対する「やらされ感」が強くなってしまい、不必要なストレスを与えてしまいかねません。なぜなら、若手さんはまだ自分で仕事の優先順位を明確にしたり、軽重をつけたりすることができないからです。「（上司や先輩から）言われたことは、すべて同じ熱量でやらなければならない」と考えてしまえば、何から手をつけてよいかわからず、パニックになってしまうこともあります。

例えば、自身が持っているパソコンやスマホを思い浮かべてみてください。いくら高性能のものでも、メモリがいっぱいになってしまうと、動きは遅くなります。そんな状態で使い続ければ、いずれフリーズしてしまうでしょう。教員も同じです。（若手さんに限らず）教員の多くは「引き算」よりも「足し算」の方が得意です。「ビルド&ビルド」で仕事が増えるばかりの職場になってしまえば、教員は疲弊してしまいます。この悪い慣習をどこかで断ち切るためにも、まずは若手さんに「引き算」の視点をもたせることから始めてみてはいかがでしょうか。

そのために必要となるのが、次の2点です。

●若手さんに「やるべきこと」を指示する際、ゴールイメージをもたせる（期日とともに、何をどこまで行えばやったことになるのかを伝える）

●若手さんが「やるべきこと」だと感じていることを話してもらい、次の4つに振り分けて伝える（もしくは話し合いながら選別する）。

・期限までに必ずやらなければならないこと。
・余力があるのであれば、やればよいこと。
・無理が生じるのであれば、やらなくていいこと。
・そもそもやらなくていいこと。

こんなふうに仕事を振り分けるだけでも、若手さんは仕事がしやすくなります。心に余裕が生まれ、「今、何に集中すべきなのか」を自己決定できるので、目的意識と当事者意識も生まれます。そうすると「自分は今、この目的のためにこの仕事をしているんだ。大変だけど最後までやり遂げるぞ」と、納得感をもって仕事ができるようになります。その結果、若手さんは仕事へのやりがいを見いだし、目の輝きを取り戻すことができます。

「情けは人のためならず」という言葉がありますが、忙しい中でも「この仕事は今しなくても大丈夫」「家庭への連絡は私が代わりにしておくね」と、サラッと言えるミドルさんが増えると、将来の学校を支えてくれる頼もしい若手さんたちが育ってくれることでしょう。

## ◆心地よいリマインドを

若手さんが仕事に追われる原因は、ほかにも本人の段取りが悪い場合もあれば、明らかに環境が悪い場合もあります。ただ、一つ言えるのは、若手さんにとって「先々のスケジュールを見通して効率よく仕事をこなすことは至難の業だ」ということです。教員の仕事に慣れないうちは、目の前の子どもと向き合いながらその日を過ごすだけで精一杯です。

そんな若手さんにとって、周囲からのリマインドほどありがたいものはありません。リマインドは、先々の見通しがついているミドルさんだからこそできる、段取りの提案です。

**「もうすぐ保護者会だね」「週明けまでには資料を作っておこう」「評価の材料はそろった？」「教務主任が週末までに叩き台を出してほしいってつぶやいてたよ」**といったこまめな声かけを、期日ギリギリにではなく、早め早めにしておくことが大切です。リマインドをする際には、あくまでも「さりげなく」「心地よく」相手を気遣うことがポイントです。

### ◆「悩む前に」相談してね

「**悩んだら**いつでも相談してね」とは、よく聞くフレーズです。しかし、この声かけは若手さんを意図せず追い込んでしまうことがあります。なぜなら、真面目な若手さんほど「自分で何とかしないと」「今はまだ先輩に相談するほどではない」と思ってしまい、一人で問題を抱え込んでしまうからです。自分ではどうにもならないと気づいてようやく助けを求めた頃には時すでに遅し。問題が大きくなりすぎてリカバリーに時間がかかり、さらに消耗してしまう…なんてことにもなりかねません。私自身も初任の頃、行事の準備が間に合わず、先輩の先生方に夜遅くまで残ってもらうなど迷惑をかけてしまい、「もっと早く相談してくれたらよかったのに…」と言われたことがありました。

だからこそ、若手さんには「悩んだら相談」ではなく、「悩む**前に**相談」です。

**「悩む前に相談してね」**

この一言で若手さんは、「こんなことで相談してもいいのかな」と迷う手前で相談しやすくなります。ぜひ試してみてください。

# 本当はもっと子どもと関わりたいのに…

## 若手さんの心の声

あ～今日も疲れた。こんなはずじゃなかったのに…これって本当に教師の仕事なのかな？　思っていたのと全然違う。

全く経験のない部活をもたされて、給食費を払っていない家庭に取り立ての電話をして、保護者からは怒鳴られるし、心身ともにもうクタクタ。これから地域のパトロールにも行かないといけないし、明日の放課後は不登校の子の家庭訪問。

これでは、授業の準備が全然できない。「教師の本業は授業」だって、大学で教わったのになあ。

子どもの人生に関わりたくて教員になったはずなのに。もっと楽しくてわかりやすい授業がしたいし、もっと子どもとたくさん関わりたい。

なのに最近、疲れすぎて笑顔で教室にいるのがつらい…。毎朝、学校に行くのが憂鬱だし、やる気が出ない。今日は子どもに「先生、疲れた顔してるよ。大丈夫？」って聞かれちゃった。私のほうがその言葉をかけてあげたいのに…。

ダメな先生でごめんね。

## ◆目的とメリットを伝える

冒頭の若手さんは、仕事の目的やメリットがよくわからないままいろいろな仕事を任され、パンク寸前です。

学校現場には、本来の目的を見失って形骸化してしまっている仕事もあります。そんな仕事ばかりを任された日には、すべてが「雑用」に思えてしまうことでしょう。「やらされ感」が強くなってしまえば、若手さんのモチベーションは下がります。

私も以前は、「何のためにこんな仕事をしているんだろう」と疑問に思うことが何度もありました。一つ一つの仕事の目的やメリットがわかれば納得して動けるのですが、それらが不明確であったり、「目的はわかるけど、そのための手段がビミョーだな」と思ったりしたことに対しては、なかなか気が乗りませんでした。

だからこそ、若手さんに限らず誰かに仕事を任せるときには「何のために」その仕事をするのか、その先にはどんなメリットがあるのか、目的や意図、背景などを説明することを大切にしています。そうすれば当事者意識が芽生え、少なくとも「こんなはずじゃなかった」と思うようなことが減るのではないかと思います。

### ◆「誰に、なんと言ってほしいか」から考えてみる

私は、仕事をする際には、取りかかる前に必ず、**「誰になんと言ってほしいか」**を意識するようにしています。これは以前、私が出前授業でお世話になったサイボウズ社（青野慶久社長）が企画を立てる際に大事にしているコンセプトです。

「誰に」というのは、その仕事の先にいる「ターゲット」のことで、「なんと言ってほしいか」は、その仕事をすることによって「ターゲットにどんなバリュー（価値）を与えたいか」を明らかにすることです。学校の仕事におけるターゲットの「誰に」に当てはまるのは、その多くが「子どもたちに」となるでしょう。

このコンセプトに基づくと、一見無駄に思える仕事であっても、そこにどんな価値があるのかを自分なりに考えられるようになります。目的やその先にあるメリットを意識しながら、納得感をもって仕事をするためにも、「誰に、何と言ってほしいか」を若手さんと共に考えてみてはいかがでしょうか。

### ◆全ての道はローマに通ず

「全ての道はローマに通ず」ということわざがあります。これは、「出発点や手段が異なっ

ていたとしても、最終的には同じ場所や結論にたどり着く」という意味です。教員の仕事も同じです。本来は全ての教育活動が一つの目的につながっています。

では、その目的とはいったい何でしょうか。それは、**子どもたちの幸せな未来の実現、すなわち「持続可能な社会の実現」**です。これは、人類共通の目的でもあります。この究極的な目的の下で、様々な教育活動が行われているのです。

ただし、教員によって、その表現の仕方や手段は異なるでしょう。

例えば、A先生は「学校生活を通じて子どもたちが社会で生きていける力を身につけさせたい」と言います。一方で、B先生は「子どもに楽しくてわかりやすい授業をしたい」と言います。このように表現の仕方や手段は異なりますが、どちらの先生も「子どもの幸せ」を願っていて、その先には「持続可能な社会の実現」があります。

冒頭の若手さんも、まだ自分では気づいていないかもしれませんが、「子どもともっと関わりたいのに…」と言っているその先には、きっと同じような目的が潜んでいることでしょう。

「こんなはずじゃなかった」と思っている若手さんとの対話を通して、そのことに気づかせるだけでも、目の輝きが変わってくると思います。

## ◆若手さんの「思い」を聞いてみる

「人を尊重する」ということは、「その人が大切にしているものを一緒に大切にする」ことだと私は考えています。冒頭の若手さんにも、きっと大切にしている思いがあるのだと思います。そんな若手さんに、こんなことを聞いてみてはいかがでしょうか。

**「どんなことがきっかけで教師を目指すようになったの?」**

**「将来、どんな教師になれたらうれしい?」**

**「子どもたちと、どんなことをやってみたい?」**

自分の頭の中であれこれ想像してみるよりも、若手さんの思いを直接ヒアリングすることで、サポートの幅を広げていくとよいでしょう。

# 今日も授業がうまくいかない…

## 若手さんの心の声

今日も授業がうまくいかなかった…。

子どもの目が輝いていない。そんな授業ほど、つらいものはない。32人の目が怖くなって、教室から逃げ出したくなる。

毎日毎日、授業をしているのに、どうしてうまくならないんだろう…。

先週、指導教員の先生に授業を見ていただいた。「頑張りたい気持ちは伝わってきたよ」とは言ってくれたけど、「ちゃんと教材研究やってる?」「発問がぶれてしまっていたから、そこを直すといいよ」とのアドバイスも受けた。

教材研究…これ以上どう改善したらいいんだろう。発問の仕方も正直よくわからない。誰かに相談したいけど、みんな忙しそうで声をかけづらい。困ったなぁ。

いつも授業開始のギリギリまで準備をして、バタバタしながら教壇に立っている。全然時間が足りない。こんなつけ焼刃でうまくいくはずなんてないのに。

明日も授業かぁ。これからどうすればいいんだろう。

### ◆授業に悩んだときこそ成長するビッグチャンス！

「授業がうまくいかない」と悩むことができる若手さんは、伸びしろがある人です。作家の坂口安吾さんは「すぐれた魂ほど大きく悩む」という言葉を残していますが、向上心の強い若手さんほど、自分の授業について深く悩みます。

ミドルさんとしては、この成長のビッグチャンスを生かさない手はありません。授業に悩んでいる様子が見られたら、まずは次のような働きかけをしてみることをおすすめします。

### ◆自分の授業に招待する

授業改善への近道は、他の教師の授業を見ることです。しかし、それがわかっていても、「先輩の授業を見させてください」と若手さんが自分からお願いするのは相当の覚悟と勇気がいるものです。ですから…

**「今度よかったら私の授業、見に来てみない？」**

こんな軽い感じで招待して、授業を参観するハードルを下げます。そして授業に来てくれたら、これを機会に、どんなことに悩んでいるのか、話を聞いてみます。話の流れ次第ですが、プレッシャーを与えることなく若手さんの授業を見学しに行けるようになれば、解決の糸口を見つけやすくなります。

### ◆「授業が下手だ」と思っている場合に試してみること

授業がうまくいかず悩んでいる若手さんには、とりあえず次に挙げる方法を紹介してみましょう。

- 先輩教員に授業を見てもらう
- 自分の授業を動画で撮影して観てみる
- 授業がうまい先生の真似をしてみる
- 授業反省録をつけて分析してみる
- 研修や研究会に参加する
- 本やネットで授業のコツを調べる　など

### ◆「引き算」で目標を一つに絞る

授業を改善する際に大切なのは、ねらいをシンプルにすることです。

若手さんに多くのことを求めるのは酷です。ここでも大事にしたいのは、あれもこれもと欲張る「足し算」ではなく、「引き算」です。その日の目標を一つに絞るように伝えてみましょう。

例えば、**「今日は授業の最初にねらいをはっきりと伝えてみよう」「10分間は必ず子どもの活動時間を確保しよう」**といった言葉かけです。目標を一つに絞ってねらいを焦点化することで「授業の中で今何ができていて、何が足りないのか」が明確になります。

### ◆授業準備の時間をプレゼントする

もし、若手さんが「授業準備の時間が確保できない」と悩んでいるのであれば、短時間でもいいので、特別な時間をプレゼントしてみるのも一つの手です。「この時間は学年の仕事をしなくていいから、授業準備に使ってね」という感じです。

「授業準備の時間が確保できない」という悩みは、放っておくと「思っていたのと違う」「こんなはずじゃなかった」など、教職に対する失望感につながります。

ここがターニングポイントです。「これ以上、悩みをエスカレートさせない」ことを重視し、多少無理をしてでも、授業準備に集中できる時間をプレゼントするのです。そうすれば気持ちに余裕が生まれ、周りのアドバイスも落ち着いて聞けるようになるはずです。

### ◆ミドルリーダー発信で自主研修をやってみる

私が以前勤めていた学校ではミドルさんが自主的に研修を行い、若手さんの不安を取り除くための工夫をしていました。研修の内容は、基本的なビジネスマナーに始まり、「授業のつくり方」や「評価の仕方」「子どもとの接し方」などです。どの学校でも必要なことなのですが、直接的に教えてもらえる機会は少ないものです。

当時、研修を企画していたミドルさんが、こんなことを言っていました。

**「教員の仕事って、研修なしで現場に出るから、戸惑うことが多いよね。教わっていないのに知らないと怒られてしまうって理不尽だと思うんだ」**

若手さんがつまずいてしまうのは、若手さんだけの問題ではありません。

昭和の時代のような「仕事は教わるものじゃない、見て盗むものなんだ！」といった厳しい考え方は、時代に合わなくなってきています。

現在は、初任者であっても即戦力が求められてしまう時代です。そのため、若手さん一人一人の個性や課題に応じて、時には手取り足取り教えることも必要です。

「誰一人取り残さない職員室」「誰一人取り残さない社会」をつくるためにも、ミドルリーダーがどのような働きかけをするかが大きなカギを握ります。

# 相談していいのかな？ わからないことがわからない

## 若手さんの心の声

今日は最近表情が暗くて、ずっと気になっていた子どもに声をかけてみた。どう切り出すか迷ったけど、とりあえずストレートに「最近、何か困っていることはないかな？」と聞いてみた。

子どもは面倒そうに「特に先生に話すようなことはないです」と言っていたけど、帰るときも何となく表情が暗い気がした。

あの声のかけ方でよかったのかなぁ…。もしかして、子どもから信頼されていないのかな。

は〜うまくいかないなぁ。こんなとき、他の先生だったらどうするんだろう…。

相談してみたい気もするけど、小さなことだし「気にしすぎ」って言われるかなぁ。

悩みすぎなのかな…。でもなんか引っかかる。

「相談していいことかどうか」もわからないし、悩んでいいことなのかすらわからない。

一人で悩みすぎて頭が痛くなってきた…。

### ◆客観的な事実を伝える

**「何か悩んでることはない？　今日職員室に戻ってきたとき、すごく暗い顔をしてたよ」**

　この何気ない一言が、若手さんを救うことがあります。なぜなら、若手さんは「自分が暗い顔をしている」ことに気づいていないことが多いからです。

　そもそも、好んで「悩みたい」「落ち込みたい」と思う人はいません。困り事や悩み事があっても、真面目な人ほど周りに気を遣い、「こんなことで悩んでいてはダメだ」「まだまだ自分は頑張れる」と、自分を誤魔化しながら日々を乗り切ろうとします。そのため、自分でも「今、自分がどのような状態なのか」がわからず、気づかないうちに無理が祟って、ある日突然プツンと糸が切れてしまうのです。

　あるとき、ある若手さんがこんな話をしてくれたことがありました。

**「私、いつもなかなか人に相談できなくて…。周りの先生に『大丈夫？』って聞かれても、『大丈夫です』と答えてしまうんです。自分では大丈夫なつもりなので…」**

　詳しく聞いてみると、どうやら彼女は自分の悩みが「悩んでいいことなのか」「日々の中でどのくらいの悩み事なのか」わからず、周りの先生に相談していいのかすら判断がつかずに、一人で抱え込んでしまっていたようです。

そんなときに、「暗い顔してたよ」「足取りが重そうだったよ」「声に張りがないね」などと客観的な事実を伝えてもらえたことで、「自分って今、こんなにひどい状態なんだ」「話してみてもいいことなんだ」と思えるようになったということでした。

ちなみに、私は初任者の頃、先輩からこんなことを言われたことがあります。ちょうど赴任して1か月が過ぎ、ゴールデンウィークが明けた頃のことです。

**「前川先生さ、着任当初はウキウキしていて、声に張りがあったんだよ。でも、最近はその声が隣の教室から聞こえてこないから、ちょっと心配でさ…」**

この言葉を聞いて、「あ、今の自分ってそうなんだ」と、初めて自分の状態に意識が向きました。確かに、浮き足立っていた4月に比べ、だんだんと疲れが溜まってきて、少しトーンダウンしてしまっている自分がいました。

私は、先輩から言われたことがきっかけで「ちゃんと休息を取ろう」「これからはもっと地に足をつけて仕事をしよう」と意識できるようになりました。

「教員って、『人の小さな変化に気づくプロ』なんだな」と思ったことを覚えています。

### ◆「わからないことすらわからない」からこそ

着任して日が浅ければ浅いほど、若手さんは「わからないことすらわからない」という状態にあります。経験を重ねれば、それがどれくらいの悩み事で、自分で解決できるのか、人に相談したほうがいいのか、相談するなら誰に相談するのがいいのか、自分で判断することができるようになります。

しかし、若手さんの多くはそうではありません。知らず知らずのうちに一人で抱え込んでしまい、苦しい思いをしています。「表情が暗い」「疲れている」「栄養ドリンクをよく飲んでいる」など、若手さんが発する小さなサインは必ずあります。

**声をかけ続けることで「あなたのことを見守ってるよ」というメッセージになる**のです。

仮に空振りに終わったとしても問題ありません。

### ◆カスタマーセンターの電話を参考に

自分が購入した商品について質問したくて、ある会社のカスタマーセンターに電話をしてみたときのことです。一通りの説明を受けた後、オペレーターの方が最後にこう言ってくださいました。

**「ほかにご不明な点や、ご心配な点はございませんでしょうか？」**

念押しの一言です。この言葉があると「これで電話を切って本当に大丈夫かな？」と振り返ることができ、「些細なことだけど、気になるから聞いてみるか」という気になります。

若手さんとの会話の最後にも、**「ほかに不安なことはないかな？」「聞いておきたいことはない？」などと念押ししてみると、小さな疑問を切り出しやすくなる**ことでしょう。

# 初任研、行くのがツラい

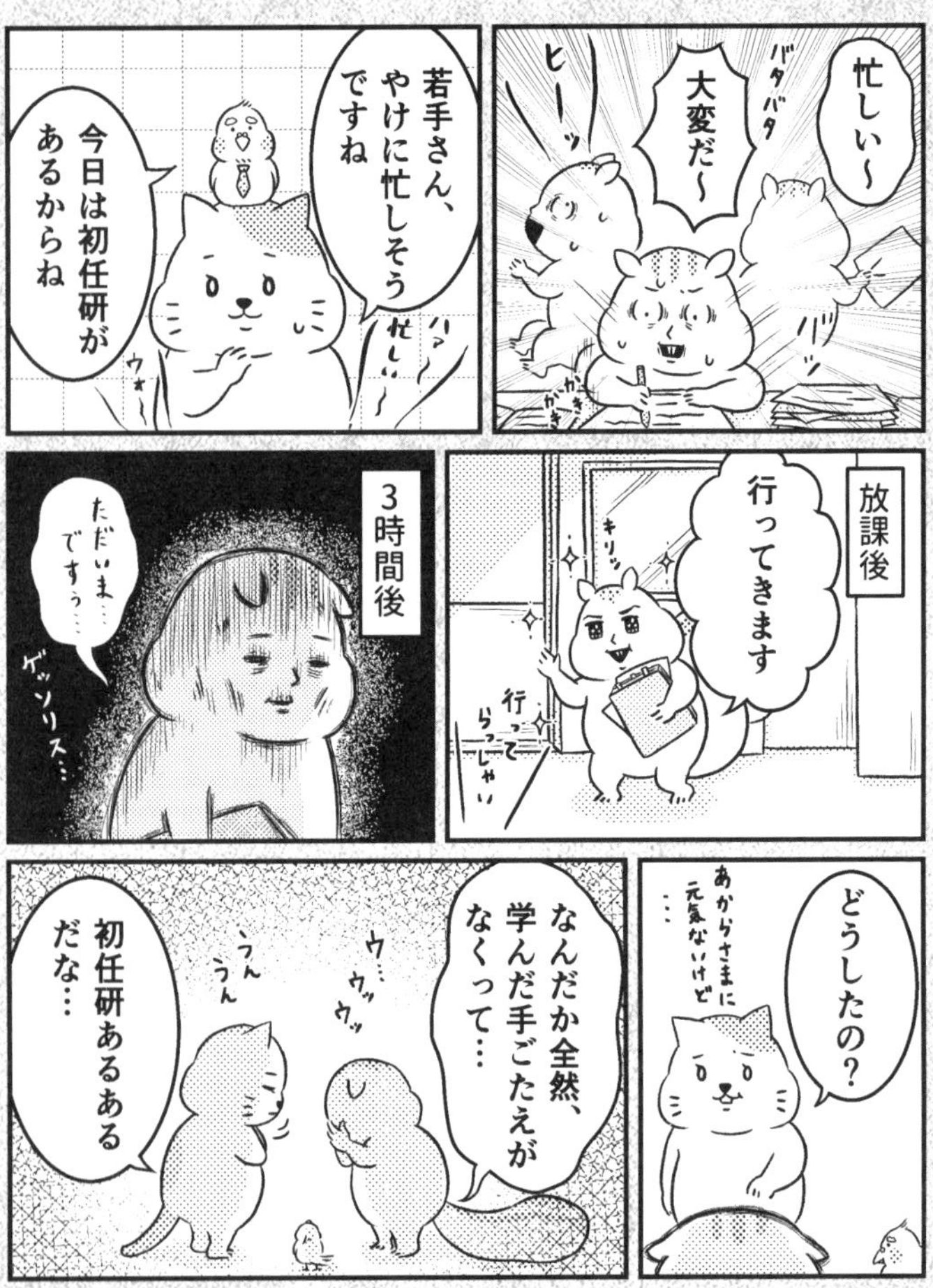
忙しい〜
バタバタ
大変だ〜
ヒーーッ
かきかき
若手さん、やけに忙しそうですね
忙しい〜
今日は初任研があるからね
ウォ〜
放課後
行ってきます
キリッ
行ってらっしゃい
3時間後
ただいま…ですぅ…
ゲッソリス…
どうしたの？
あからさまに元気ないけど…
なんだか全然、学んだ手ごたえがなくって…
ウ…ウッウッ
うんうん
初任研あるあるだな…

## 若手さんの心の声

（研修に参加する直前）

今日は午後から初任者研修だ。行く前にやっておかなきゃいけないことがたくさん。

あの先生にこれをお願いして、明日の授業の準備をして…

朝からバタバタしていて、頭の中がパニックになりそうだ…。

先輩には「あれ？　なんだか今日はやけに大変そうだね。どうしたの？」なんて聞かれたけど、時間に追われてまともに答える余裕すらなかった。

（研修中）

今日の研修の内容は、習ったことばかりだな…あと1時間も話を聞くのか…。

周りの初任者もなんだか退屈そうな顔をしているし、私たちが今、本当に知りたいことって、こんなことじゃないのになぁ。この研修に参加するために周りの先生や子どもたちに迷惑をかけていると思うと、なんだかやるせなくなってきた。

本当はもっともっと成長したいのに。

## ◆初任者研修がかえって負担となってしまう現実

行政の若手研修と言えば「初任者研修」（初任研）です。自治体によって差はあるものの、一般的には自校で行う校内研修と教育センター等で行う校外研修とで構成されています。

初任者が出張扱いで研修に参加するためには、自分のクラスや授業を他の先生にお願いしなければならず、その分の積み残しは翌日以降に必ず自分の身に降りかかってきます。初任研が終わったら自宅に直帰できればまだよいのですが、場合によっては学校に戻って仕事や部活指導をしたり、研修のレポートを書いたりしている初任者もいます。

初任研に限らず、ベテラン教員の出張の際にも同じことが言えます。私自身も研修のある週は時間割を調整し、空き時間ゼロで毎日働き詰め…ということも日常茶飯事でした。

「学ぶ」ことは本来ならばとても楽しいことです。初任者ならばなおさら目を輝かせながら研修に出かけて行ってほしいものです。しかし、現実には研修のための時間を捻出することと自体が若手さんの負担を大きくし、学ぶ意欲を削いでしまうこともあります。

## ◆初任研が形骸化してしまっている場合も

子どもの学びも同じですが、「何のために」その研修を受けるのか、初任者が目的と当事者意識をもって研修に臨めていないと「やらされ感」ばかりが募り、学びが深まりません。

「主体的な学び」「深い学び」が必要なのは子どもだけではありません。私たち教員も同様です。少しでも実りあるものとなるよう研修の目的を今一度見直し、できる限り初任者の負担を減らし、初任者が本当に必要としていることを学べる場にする工夫が必要なのではないでしょうか。

## ◆若手さんの「学びたい！」を大切に

ここでもう少し、若手さんの心の声を聞いてみましょう…

- **「初任研でやっているその協議、オンラインでも事足りるんじゃないかなぁ。わざわざ顔を突き合わせる目的は何だろうか」**
- **「内容が受講者のレベルやニーズに合っているのかなぁ。子どもに対しては『個に応じた指導が大切』『主体的な学びを』などと言いながら、私たちの学びは受け身になっているような気が…」**

若手さんが言いたいのは**「せっかく研修の時間を捻出したのだから、時代やニーズに合った有意義な学びを提供してほしい」**ということです。これは初任研に限った話ではなく、「2

年次研修」「3年次研修」や中堅教員向けの研修などについても言えることです。

初任研は初任者の先にいる「子どもたちのため」に行うものです。この最上位目的の下で研修の質と量を見直し、内容をブラッシュアップする必要があります。

「学習者主体」の学びやそのための授業づくりが求められる時代です。若手さんもまた、目の前の子どもたちと一緒に探究していけるような研修があってもよいのではないでしょうか。

### ◆初任研をバックアップできる職員室に

私が初任者だった頃の話です。初任研から学校に帰ると**「おかえりなさい」「お疲れさま」「大変だったね」**と温かく迎えてくれる先輩がいました。この一言があるかどうかで、職員室の居心地が大きく変わります。当時の私は「自分は応援してもらっているんだな」「早く一人前になれるように頑張らないと」という気持ちになったものです。

また、管理職からも「おかえり～」「えっ！　学校に戻って来ちゃったの？　今日くらい早く帰りなよ」と言っていただいたり、「今日はどんなことを学んできたの？」と関心をもっていただいたりしました。

初任者としては「何のためにこんな思いをして研修に行かなければならないんだ」と考えてモチベーションを下げてしまうこともあるでしょう。そんなときこそ、**「どんなことを学んだの?」「明日からやれそうなことはある?」「最近の初任研の課題ってどんな感じ?ちょっとレポートを読ませてもらってもいい?」**などと関心をもって温かく声をかければ、初任者のほうも「こんなに応援してもらっているのだから、一つでも多く学んで帰れるように頑張ろう」「学校に戻ったら仕事を頑張ることで恩返しをしよう」という気持ちになれるでしょう。

初任者一人に背負わせることなく、職員室全体でバックアップする雰囲気づくりが大切だと思います。

# 子どもから傷つくことを言われた

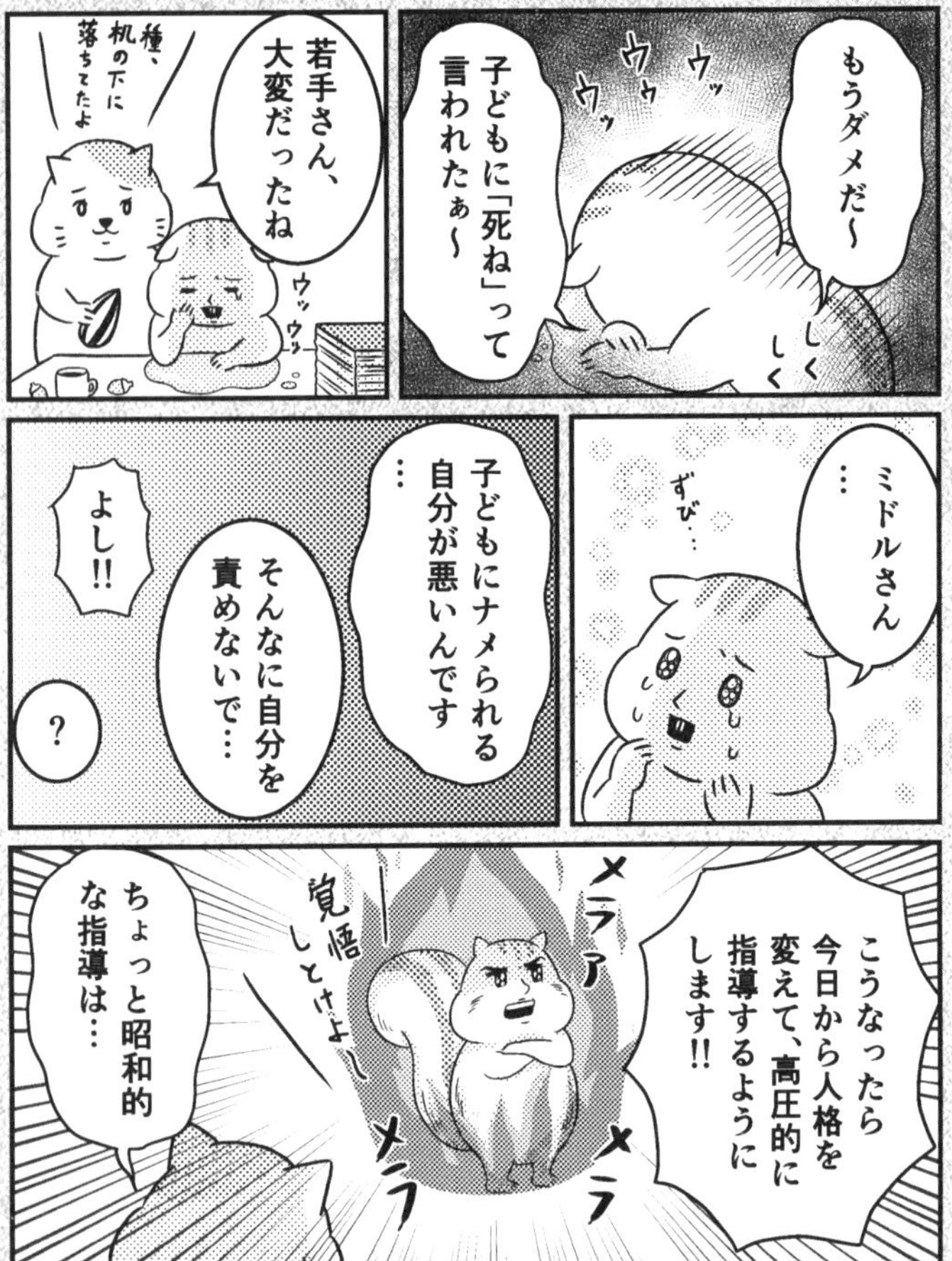

## 若手さんの心の声

もうダメだ。涙が出てくる。全く指示が通らない。

授業中、勝手に立ち歩く子どもも数名いる。

「席に着きなさい」「静かにしなさい」と注意しても、反抗されてばかり。

今日は子どもに「うるせーよ」「死ね」と言われてしまった。注意すると、さらにエスカレートする。いったいどうしたらいいんだろう。

子どもは言いたい放題で、暴言を吐かれてしまうし、教員に人権なんてないのだろうか。初任じゃなかったらナメられないのかなぁ。

勇気を出して、同じ学年の先生に相談してみたら、「それくらい自分で注意できないと、これからやっていけないよ」と言われてしまった。現実は厳しい。

中には「私からも子どもに話をしてみるよ」と言って、反抗的な態度を取る子どもに話をしてくれた先生もいた。でも、何日間か収まっただけで、また元に戻ってしまった。せっかく話をしてくれたのに、申し訳ない…。

あぁ、自分でも何とかできるようになりたいよ。

## ◆初任者は「指導力がない」のがデフォルト

「子どもが言うことを聞かない」「子どもからナメられて反抗される」

若手さんにありがちな悩みですが、問題は悩みそのものではありません。若手さんを「ドツボにはまらせない」ことです。そもそも**初任者は「指導力がない」のがデフォルト**です。先輩教員から「それくらい自分で注意できないと、これからやっていけないよ」なんて言われた日には、若手さんは「やっぱり私、教員に向いてないんだろうか」などと諦めモードになってしまいます。必要以上に追い詰めすぎないようにしたいものです。

ミドルさんは**「初任者や若手は、指導力がなくて当たり前」**というスタンスで寛容に受け止め、子どもから反抗された若手さんが悩み過ぎないように、次のような適切なフォローをしていきましょう。

## ◆新しい時代の感覚へ

そもそも、「子どもに反抗される」「反抗されたらどうするか」という発想自体が、古い世代の発想です。かつては、高圧的で命令口調の指導が主流だった時代もあったようですが、現在では通用しません。「反抗」する子どもに対して、大声で怒鳴り散らしたり、力でねじ伏せたりする行為は「体罰」だとみなされるでしょう。

「子どもが反抗する」という行為は、その子が何かに「困っている」状況を意味します。「勉強についていけない」のか、「授業の内容が理解できないからつまらない」のか、「先生の指示がわかりにくい」のか、はたまた「家庭環境が落ちつかないからイライラしている」のか、何らかの原因があるはずです。

**子どもの反抗的な態度を対立的に捉えるのではなく、「何かに困っている子どもだ」と捉え、伴走するための手立てを考えていくことが大切です。**

## ◆若手さんの教室に足を運ぶ

**「よし、じゃあ今度、廊下から授業の様子をこっそり見に行ってみるよ！」**

悩んでいる若手さんにとって、こんなに心強い一言はありません。もちろん、これだけで根本的な解決に至るわけではありませんが、ひとまずは「先輩が自分のために教室に足を運んでくれた」「一緒に何とかしようとしてくれている」という事実に救われます。教室に入らずとも、廊下からこっそり中の様子をうかがうだけでもかまいません。「実態を把握する」という意味でも、相談を受けたらすぐに教室へ足を運びたいものです。

時間がかかってしまうかもしれませんが、ポイントは、若手さんが困っていると思われる現場を目の当たりにできるまで、可能な限り何度も足を運び続けることです。もし一度足を運んだくらいで「私が行ったときには大丈夫だったじゃない。心配ないよ」と言ってしまうと、それはそれで若手さんに「やっぱり面倒だと思われてるのかな…」と思わせてしまいます。

そして、実態を把握できたら、該当する子どもを呼んで、**「実は廊下を通りがかったときに君の声が聞こえたから、気になって様子を見ていたんだ。何か困っているのかな?」「どうしたいと思っているの?」**などと話を聞いてみるのもよいでしょう。

## ◆教員の特性に合った対策を

教員はなぜか「一人で子どもたちを統率できないといけない」という考えにとらわれがちです。私が現場に出て間もない頃もそうでした。周囲には声の通る先生が多くて、迷いなくハキハキと物を言い、一喝すれば子どもがピシッと姿勢を正す。そんな光景を見ながら、「自分にもできるようになるのかなぁ」などと思っていました。

しかし、ここ何年かの学校現場の様子を見ていると、昔のように大きな声で一喝する教員ばかりではなくなってきているように思います。若手の教員も、優しく寄り添う人や叱るときに論理的に諭すような人が増えてきています。

古い時代の指導に慣れているベテランの教員からすると、「あの先生は子どもに厳しく言えないからダメだよ」と陰で言いたくなってしまうようですが、私は声を荒げない伴走型の教員のほうが、今の子どもたちには必要だと考えています。

実を言うと、**子どもと信頼関係を築き、自律的な子どもを育成しているのは伴走型の教員であることが多い**のです。

このようなことからもわかるように、大切なのは教員一人一人の個性を生かしつつ、若手さんの特性に合った対策、子どもとの関わり方を一緒に考えていけるようにすることではないでしょうか。

# 生活指導、どうすればいいの？

## 若手さんの心の声

グスン…また学年主任の先生に注意されちゃった。
「今のままの指導じゃ、子どもはどんどん言うことを聞かなくなるよ」だって…。
そもそも「生活指導」って、何をすることなんだろう？
子どもを従わせること？　子どもを叱ること？　いまいちよくわからない。
子どもと同じ目線で一緒に考えていきたいだけなんだけど。
厳しさが足りていないのかな…。
生活指導主任の先生みたいに、もっとガミガミ言わなきゃいけないのかな。
もっと子どもがピシッと言うことを聞くようにしなきゃいけないのかな。
なんか思っていたのと違う。
どうするのがいいんだろう…。

## ◆そもそも「生活指導」って何?

現場の先生方に「生活指導って何ですか?」と聞いたら、おそらくその答えは人によってまちまちでしょう。

「学習指導以外の指導全般」「生活面での指導」だと捉えている人もいれば、「生き方を教えること」「子どもが学校で安心安全に過ごすための指導」「人格形成のための一助」だと捉えている人もいるはずです。いずれも「そうなのかもなぁ」と思う回答ばかりです。

「生活指導」の定義は、学習指導要領に明記されているわけではありません。「教科外の指導」という領域に規定された時代もあったそうですが、現在では「生活指導」という響きだけが独り歩きして、その位置づけや解釈が正しく共有されていないのが実際です。

そのため、少なくとも中学校の現場では「生活指導」という名の下に、形骸化した校則を守らせたり、何のために行うのかよくわからない活動を行わせたりするといった現状も見受けられます。

最近でこそ、「ブラック校則」などと指摘されて改善しようという動きも生まれていますが、そもそも「どうしてこんなことを指導しなくちゃいけないんだろう?」「生活指導って何なの?」と疑問に思っている教員は少なくないと思います。

## ◆「目的」に立ち返る

さて、冒頭の若手さんは「生活指導ができない」ことを気に病む必要があるのでしょうか。私の答えは「ＮＯ」です。考えるべきは、子どもが抱える課題と「目的」の見直しです。何か具体的なトラブルがあったのであれば、若手さんと一緒に次のことを見直してみてください。

- **「何のために」指導をするのか、課題は？　目的は？　どんな子どもを育てたいのか**
- **そのために、子どもにどんな「手段」や「支援」が必要だったのか**

## ◆「何のために」生活指導をするのか

生活指導の目的を考えるに当たっては、教育の目的を確認しておく必要があります。教育の目的とは、端的に言えば「人格の完成を目指し、社会の形成者を育てる」ことです。

教育基本法は、次のように規定しています。

（教育の目的）
第一条　教育は、人格の完成を目指し、平和で民主的な国家及び社会の形成者として必要な資質を備えた心身ともに健康な国民の育成を期して行われなければならない。

ここで言う「社会」は、ＳＤＧｓで世界共通の目標としても掲げられている「誰一人として取り残さない、持続可能な社会」にも通ずるものです。そうした社会をつくることのできる大人に育てることを目指し、私たち教員は、子どもにどんな教育活動を用意し、支援していくのかを考えていく必要があります。

学校や地域の実態や事情もあるため、一概に「この生活指導は必要」「この指導はいらない」と決めつけることはできません。校則やルールについても同様です。私は決して、「生活指導なんてできなくてもいい」と言いたいわけでも、「ルールなんて必要ない」と言いたいわけでもありません。

大切なのは、明らかに目的を見失っていたり、根拠や理由を誰も説明できないルールに従わせたりする生活指導は、見直しを図るべきだということです。その際、「なぜそれらが必要なのか」という段階から、子どもと一緒に考えていく必要があるでしょう。

### ◆「叱る」前に大切なこと

多くの若手さんが抱える悩みの一つに「叱り方がわからない」「褒めるのが苦手」という悩みがあります。そのテクニックを指南するハウツー本はごまんとありますが、そうした本に頼る前に考えておきたいことがあります。それはまず**「その子がどうしたいと思っているのかを知る」**ことです。

特に初任者の場合には子どもとの信頼関係が浅いため、頭ごなしに叱ったり、闇雲に褒めたりしていては逆効果になることもあります。そうならないようにするには、子ども理解から始めていくことが大切です。「どうしたいの?」「何がしたかったの?」などと直接尋ねながらその子に寄り添い続けることです。

私は、かつての自分への反省の意味も込めて、若手さんには、安易に「叱り方」だけを真似して、信頼を失ってしまうような教員にはなってもらいたくないと思っています。

# 保護者から私宛のお手紙が来た！

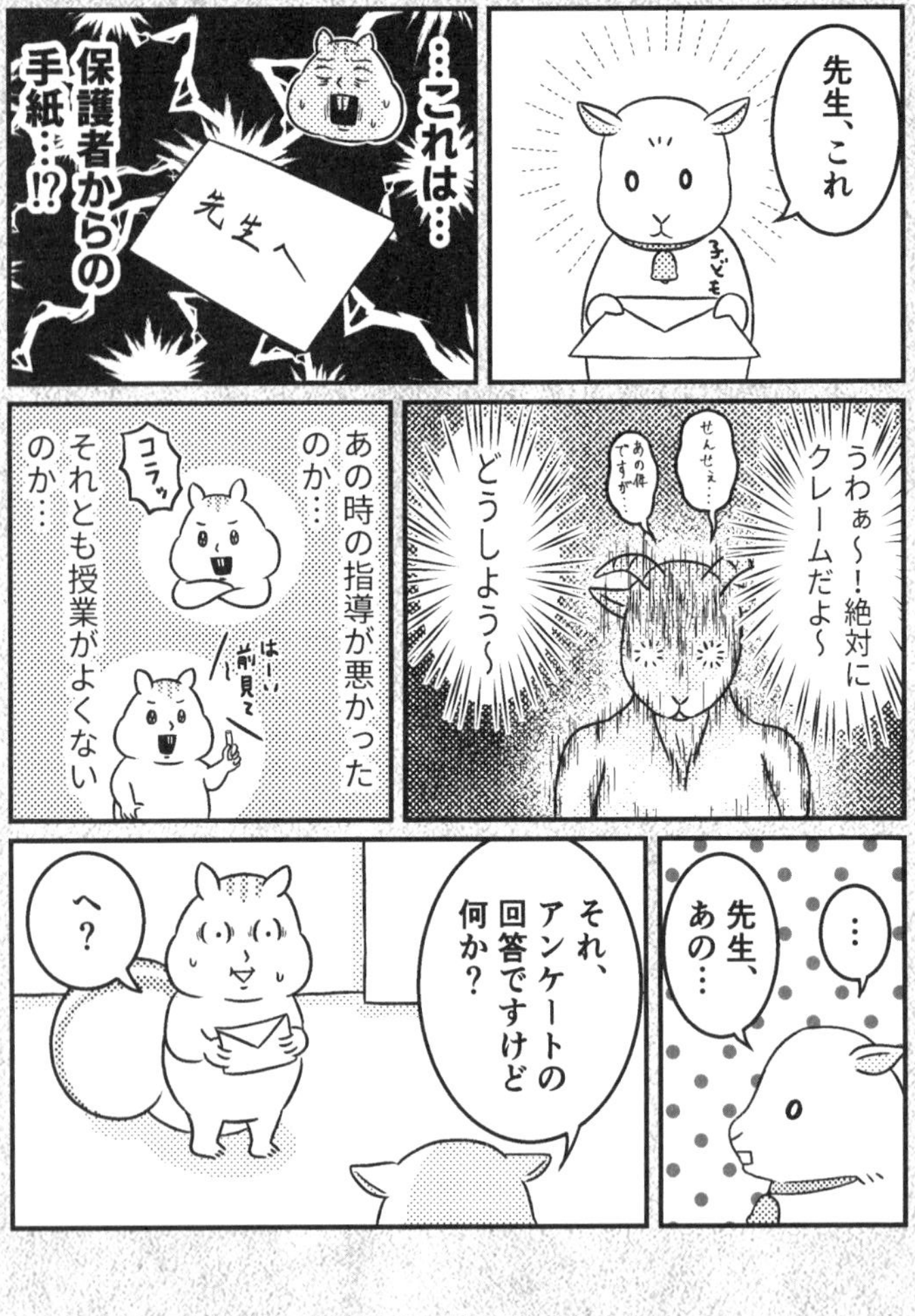

## 若手さんの心の声

朝、子どもから手紙をもらった。保護者からの手紙だ。ドキッとする瞬間。

いい内容の手紙ならうれしいんだけど、そうではないことのほうが多い。

手紙を読んだ。先週の生活指導についてのご意見が書いてあった。

「先生の指導、うちの子には合わないと思うんです。うちの子は『いつも自分ばかり注意されてつらい』と言っています」だって。

確かに、言われてみれば自分の指導の仕方もマズかったのかもしれないけど、うーんビミョーだなぁ。

この手紙、どうしよう…。学年の先生に相談したほうがいいのかなぁ。

他の先生にはクレームなんて来てないのに、自分ばっかり。「またか」って思われちゃうから嫌だなぁ。できれば見せたくない。

これでも精一杯やってるつもりなんだけど…。どうして子どもたちに伝わらないんだろう。

### ◆ミドルリーダーは裁判官であってはならない

保護者からのクレームに限らず、若手さんに対してやってはいけないのは、即座に「ジャッジを下す」ことです。クレームの内容が事実であっても、「君が悪いよ！」とすぐに責めるのはNGです。相手を追い詰め、無力感を募らせる結果となります。

かといって「この保護者、最悪だね」とか「悪いのは子どもだから」などと言うのもよろしくありません。課題が解決しないばかりか、若手さんの成長を阻害してしまうからです。

確かに、中にはとんでもなく理不尽な要求もあります。しかし、保護者や子どもに「そう感じさせる原因」をつくってしまったことも事実です。きっと若手さんも「やらかしてしまった」という負い目を感じていることでしょう。

ここで大切なのは、若手さんに「前を向かせる」ことです。若手さんがそうできるようにするには、**「クレームが来ても当然」と思うような案件であっても、ぐっとこらえて、まずは寄り添う**ことが大切です。

### ◆保護者から「助言を聞く」前向きな姿勢にシフトできるようにする

では、具体的にどうすればよいのでしょうか。まずは「否定しない」**スキルを身につけ**

**る**ことです。具体的には、若手さんから話を聞く際には、「なるほど、保護者はそう言っているんだね」「君はそう思うんだね」とオウム返しで傾聴に徹し、どちらの意見も否定しないようにします。

次に、若手さんから話が聞けたら、保護者（子ども）と教員の共通の「目的」を確認していきます。**保護者は最終的に何を望んでいるのか、教員側は何を望んでいるのか、お互いの最終的なゴール地点を探っていく**のです。

こうした視点をもてれば、同じクレームを聞くにしても、「嫌な話を聞かされる」といった逃げ腰の姿勢から、保護者から「助言を聞く」といった前向きな姿勢にシフトできるようになります。ミドルさんは、客観的な立場から、「どちらもこういうことを望んでいるんだと思うよ」と冷静に整理してあげるとよいでしょう。

### ◆「事実」と「解釈」を分ける

次に必要なのは、**「事実と解釈を分ける」**ことです。最終的なゴール地点を明確にできたら、若手さんから聞いた内容や、保護者から聞いた内容にそって「これは事実だよね」「この部分は保護者の個人的な解釈だよね」と仕分けをしていきます。

例えば、「A君がたびたび暴言を吐いていることは事実だよね？」『先生の指導がうちの子には合わない』というのは、保護者の解釈だね」といった具合です。このように仕分けすることでどこがポイントなのかが明確になり、若手さんも冷静に受けとめられるようになります。

クレーム対応をする際、「事実」は誠実に受け止める。それに対して、個人の「解釈」については、あまり重く受け止めすぎないようにする。そのほうが心身の健康のためによいと思われます。「適度なスルー力」とでも言えばよいでしょうか。若手さんにも、そういうスタンスで「事実」と「解釈」に向き合ってほしいと思います。

## ◆「笑顔の明日」をイメージできるようにする

クレームが来てしまった過去は変えられません。くよくよ嘆いていても仕方がないでしょう。しかし、未来は変えられます。クレームをもらったとき、若手さんは「猛烈な反省モード」もしくは「怒りモード」になっていることが多いものです。しかし、**本当にエネルギーを注ぐべきなのは「次にどうするか」**です。ミドルさんは、若手さんと一緒に「ここからどう状況を改善していくか」を考えていきます。

**気にかけておきたいのは、若手さんが「明日、休まずに学校に来られそうか」「明日、笑顔で子どもの前に立てそうか」**です。少し時間はかかるかもしれませんが、「笑顔の明日」をイメージできるように、次の手段を考えていきたいものです。

### ◆やっぱり最後は「チームで対応」

ゴール地点と課題解決の手段が明確になったら、あとはやはり「チームで対応」です。管理職や他の教員とも連携を図ります。ミドルさんは周囲の教員や保護者に、若手さんも「目的に向かって改善しようと努力している」ことを伝えていきます。

無事、騒動が収まって落ち着いたら、若手さんと一緒に冷静に振り返りをしてみましょう。

# どうやったら職員室の雰囲気に馴染めるんだろう

## 若手さんの心の声

あ〜、また始まったよ…世間話。

職員室の雑談って、なんか入りづらいんだよなぁ。話に入るタイミングも距離感もつかめない。

かといって、話の輪に入らないのも居心地が悪いし…。

先輩は気を遣ってくれてるのか「あなたも会話に入って来いよ〜」と言ってくれるけど、私は、そんなにノリもよくないしなぁ。

本当のことを言うと、今日のうまくいかなかった指導について、他の先生に相談してみたい。

でも、どう切り出したらいいのかわからない。

こんな初歩的な指導でつまずいているなんて、きっと自分だけだろうし…。

だから余計に相談しづらい。

こんなとき、気軽に話せたり愚痴をこぼせたりする同期がいたらいいのになぁ。

どうしたら職員室に自分の居場所をつくれるんだろう。

### ◆言わないだけで悩んでいる人は多い

若手さんに限らず、雑談が苦手な人は意外と多いものです。冒頭の若手さんのように、雑談に入れないことによって、疎外感や孤立感を抱いてしまうこともしばしば。本当は「気にしなくていいこと」のはずなのに、どうしても気になってしまうのが、この手の悩みです。特に、同期や同世代の同僚がいない若手さんほど、職員室の居心地の悪さを感じています。

### ◆「二人目のサポーター」になる

若手さんたちの話を聞いていると、「同期がいない」ことは、私たちが想像する以上に心細いことのようです。だからこそ**「同期がいなくて大変だったりしない？」「周りが先輩ばかりだと気を遣って疲れるよね」「困ったときは何でも言ってね！」**と声をかけるなどして、若手さんの気持ちを汲んであげられると、少しは心の拠り所ができるかもしれません。

以前、私も「大人数での会話が苦手だなぁ」と悩んでいた時期がありました。何かの拍子にポロっとそんな悩みをつぶやいたら、先輩教員がこんな言葉をかけてくれました。

**「何人増えてもベースは１対１の関係の集まりだよ。１対１で関係がつくれて、話ができていれば大丈夫」**

確かにそうだなぁと思い、ずいぶんと心が軽くなった記憶があります。

若手さんが必要としているのは、「一人目のサポーター」です。たった一人でも、自分の気持ちを代弁してくれたり、悩みに共感して寄り添ってくれたりする人がいたら、「自分は大丈夫だ」という気持ちになれるものです。本来ならば、同期や同世代の教員と一緒に成長していけるのが理想ですが、そうでない場合にはミドルさんがその役割を担えるとよいと思います。

## ◆「1 on 1」の時間を設ける

引っ込み事案で口数が少な目の若手さんには、定期的に「1 on 1」（一対一の面談）の時間を設けるのも一つの方法です。1か月に1回、5分間程度でかまいません。自分から話しかけるのが苦手な若手さんほど効果があります。「何でも聞いてもらえる時間がある」というだけで、精神的に安心と余裕が生まれます。

「1 on 1」を成功させるコツは、自分が**話したい気持ちをぐっとこらえて「聞き手に徹する」**ことです。教員には自分から話したがる人が多いものですが、説教や講話の時間にならないよう、若手さんが本音を吐き出すことを目的とした「1 on 1」にしたいものです。

### ◆雑談の目的は「仕事の話をしやすくすること」

職員室での雑談の重要度も、その目的によってケースバイケースです。「話しやすい関係づくりをするために、普段からコミュニケーションを図っておく」ことを目的とすることもあるでしょうし、子どもに関する情報の共有や仕事の対話を目的とすることもあるでしょう。

民間の社員教育では「ホウレンソウ」（報告・連絡・相談）より「ザッソウ」（雑談・相談）を大切にしている会社もあるそうです。教育現場では子どもの情報を正しく共有することが求められるため、「ホウレンザッソウ」（報告・連絡・雑談・相談）が欠かせませんが、その目的はいずれも**「仕事をする上で、必要なことを適切なタイミングで話しやすい関係づくりをする」**ことです。言い換えれば、本来ならば「雑談」があろうとなかろうと、目的が果たせればよいのです。

悩んでいる若手さんにはシンプルに目的に立ち返らせて、「仲良くしなきゃ」「おしゃべりしなきゃ」などといったプレッシャーを極力取り除いてあげたいものです。

### ◆その雑談、鬱陶しがられていませんか？

冒頭の若手さんとは逆のケースもあります。先輩との雑談が多すぎて「鬱陶しい」と思っているような場合です。

職員室に何人かは「話し好きな人」や「話し始めたら止まらない人」がいます。場が賑やかになってありがたい側面もありますが、作業に集中したい人にとっては、モチベーションを下げる原因になってしまうこともあります。

若手さんとの直接の会話も、こちらは「よかれ」と思って話しかけていても、若手さんからすると「この話、いつまで続くんだろう…」「早く帰りたいなぁ」と思っていることもあります。「あの先生に捕まると話が長い」と思われないように、気をつけたいものです。

# 先輩からの頼み事にNOといえない

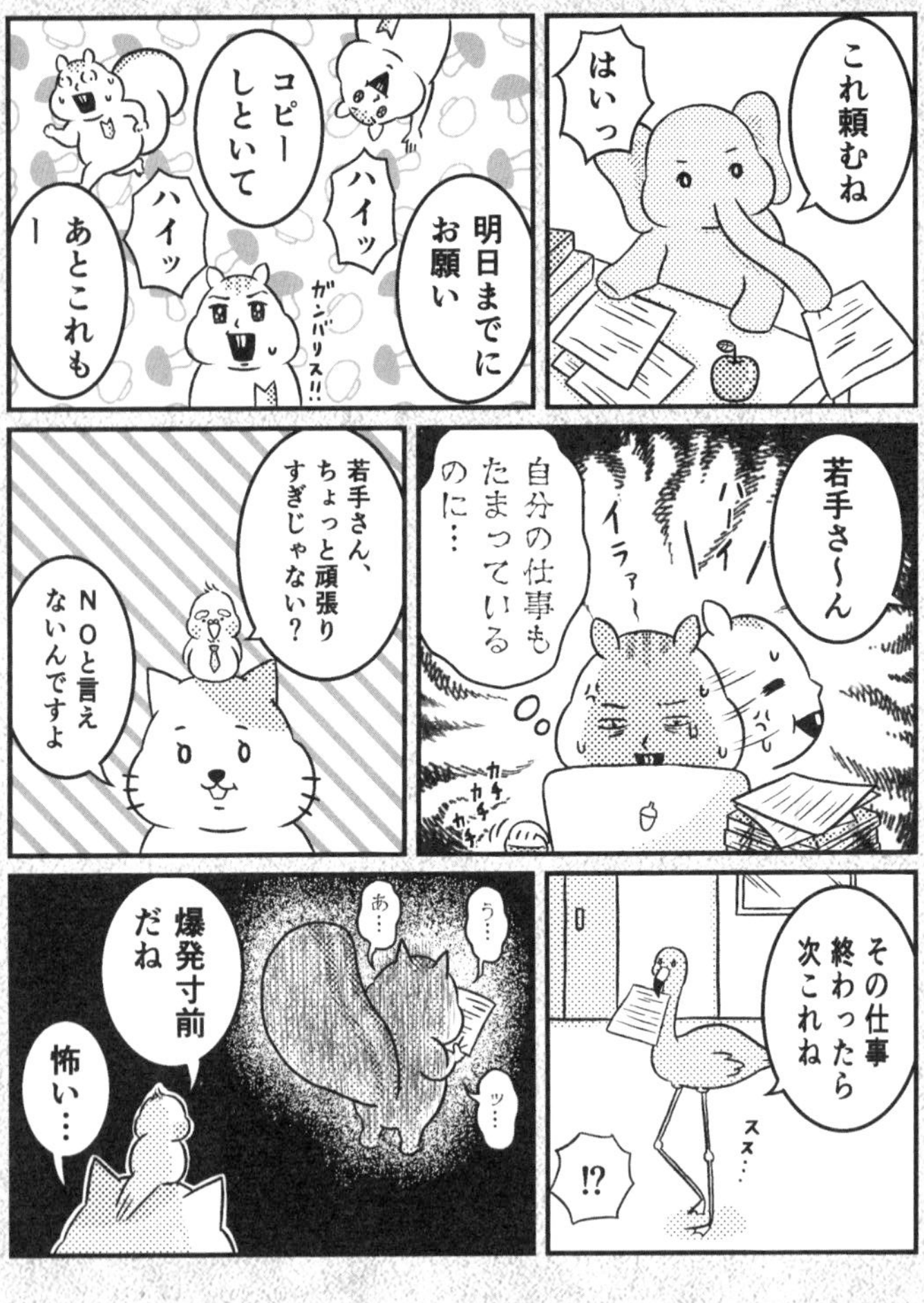

## 若手さんの心の声

「これ、明日までに印刷しておいてくれる？」

「悪いけど、今度転校する子どもの指導要録の写しの準備、お願いしてもいいかな？」

「明日は出張だから、かわりにホームルームに行ってもらえるかな？」

中には、「これが終わったら印刷をお願いしたいんだけど、出来上がるまでちょっと待っててもらえる？」なんて束縛してくる先輩もいる。

最初は早く仕事を覚えたい一心で、どんなことでも前向きに引き受けていた。でも、最近忙しくてちょっとしんどい。

一つ一つのことはちょっとしたことなんだけど、意外と時間が取られてしまう。

今、抱えている仕事が終わるまで、できれば断りたい。

だけど、先輩からのお願いに「NO」は言えないし、仕方がない…。

本当は自分の授業準備のために時間を使いたいのだけど…。

### ◆上下関係そのものは大切なのだけど…

学校や地域にもよると思いますが、教員の世界では「管理職は体育科の先生が多い」という説があったり、まだ何となく体育会系の雰囲気が残っていたりするような話を耳にすることがあります。

ここで伝えたいのは、決して「体育会系の雰囲気が悪だ」ということではなく、「先輩の命令は絶対」「過酷な環境に耐えないと成長できない」といった**「極端な強引さや、形骸化したしきたりを苦手とする若手が多い」**という現実です。

教職の現場は、若手さんの言葉を借りて表現すると「陽キャ」（明るくて活発な性格）と言われるような、コミュニケーション力に長けた人が活躍しやすい職場だと言います。そのような教員は、子どもや同僚からの信頼も厚い場合が多いようです。そのためか、職員室を見渡してみると、よくも悪くも、声が大きくて押しの強い人がいるものです。

そんな中で、いわゆる自分は「陰キャ（引っ込み思案で内気な性格）」だと引け目を感じているような若手さんは、自分の意見を主張するタイミングをなかなかつかめず、「あの人に頼まれると断れない」「もっとちゃんと自己主張できるようになりたい」といった悩みを抱えています。

そうでなくとも「初任者」「若手」というだけで「先輩にＮＯと言ってはいけない」「先輩の指示を聞くのが当たり前」といった体育会系的な雰囲気に飲まれ、無理を重ねてしまう人も少なくありません。

もちろん、業務上の立場や役割、社会人として最低限のマナーをわきまえることは大切です。しかし、ミドルさんから見ても「なんかつらそうだな」「いつも押し切られちゃってるな」と目に余るときには、助け舟を出してあげることも必要でしょう。

### ◆大切なのは若手さんが「前に進めるかどうか」

大切なのは、その仕事を任せることによって、若手さんが「前に進めるかどうか」です。一見、雑用のように見える仕事でも、しっかりとした意図があって経験を積ませる場合もあれば、単に押しつけているだけの場合もあります。

いずれにしろ、若手さんがその仕事の「目的」や「やりがい」を感じられなければ、どんな仕事も「負担」にしか感じられません。そこで、ミドルさんとしては、若手さんが**「前に進める仕事になっているかどうか」**を感じ取って対応できるとよいでしょう。

### ◆若手さんのタスク状況を代弁する

冒頭の若手さんのように、仕事が重なりすぎて困っている場合は、若手さんのタスクの状況を代弁してあげるとよいでしょう。例えば、こんなイメージです。

**「先生、若手さんは他の仕事を頼まれていて、今はこれとこれを抱えているんです。だからこの仕事は他の人にやってもらったほうがよいかもしれません」**

**「今、若手さんは副校長に頼まれた急ぎの仕事を抱えているので、この仕事まで頼まれたらパニックになっちゃうと思いますよ」**

もちろん、若手さんが自分の口からタスク状況を伝えられるのであれば様子を見るにとどめます。

普段から若手さんのタスク状況をよく観察しておいて適切な場面で助け舟を出せると、「この先輩には自分の状況をきちんと伝えておいたほうが安心だ」という意識が生まれるため、若手さんとのその後のタスク共有がしやすくなります。

### ◆最悪、ミドルリーダーがピンチヒッターに

「また若手に雑用を振っているな…」「仕事を振られて大変そうだな」と思ったとき、あえ

て自分がピンチヒッターを名乗り出るのも一つの手です。例えば、**「最近、若手さんは授業準備ができていなくて大変そうなので、私でよければ代わりにやっておきますよ！」「それ、誰がやってもいい仕事ですよね。私がやっておきましょうか？」**といったイメージです。

コツは依頼主と若手さんの間に「割り込む」ことです。そうすることで若手さんに「助けてもらえてありがたい！」と思ってもらえると同時に、依頼した教員に対しては「このくらいの仕事、若手に頼まなくてもいいでしょ…」「わざわざ若手に仕事を振る理由があるなら説明してください」という無言のメッセージにもなります。

ただ、これはあくまでも、普段から頑張りすぎて悩んでいる若手さんへの助け舟です。サボり癖のある若手さんに対して行うと、逆効果になってしまうので注意が必要です。

# 早く帰るのも、休むのもまた恐怖

## 若手さんの心の声

今日は予定があったから定時まで働いて、先輩たちより先に退勤させてもらった。

そうすることは事前に伝えていたし、職員室全体に聞こえるように「お先に失礼します」と声をかけて出てきたけど、「お疲れさま」と返してくれたのは副校長先生だけだった。それも、顔も上げずに…。忙しかったからかもしれないけど、同じ学年の先生は何も返してくれなかったなぁ…。

たまたま仕事に集中してただけかな？

それとも怒っているのかな…。

そういえば、同じ教科の先生が体調不良で休みが続いたとき、A先生は「体調不良だからあんまり言えないけど、早く戻ってきてくれないかなぁ。私たちも毎日空き時間がなくてつらいなぁ」とぼやいていたっけ。

表向きは「できるだけ早く帰りなさいね」「体調が悪いときは無理せず休んでね」と言ってくれていても、やっぱり休むのも早く帰るのもよく思われないんだろうな。

### ◆無言の対応は圧力になる

学校現場の多忙さは、みなさんご存じのとおりです。放課後も子どもが学校に残っており、授業以外の仕事も多いことから、多くの教員が残業せざるを得ない現実があります。一方で、若手さんたちは「え、定時で上がるのが本当ですよね？」「これって本当に残業してまでやらなければならない仕事なの？」といったモヤモヤを抱えています。

昔の感覚で「定時を過ぎても仕事が終わるまで働くのが当たり前」「休日出勤もやむを得ない」と言うベテラン教員と、労働者の権利を正論として主張する若手さん。それぞれ生まれ育った環境や時代が異なるため、仕事に対する感覚が違うのは当たり前です。もしベテラン教員との間に溝が生まれてしまえば、現場に失望してしまう若手さんや、苦痛や悩みを抱えながら働く若手さんが増えてしまうでしょう。

最近でこそ、時間外の勤務を強いるベテランは少なくなってきましたが、早く帰ろうとする教員に対して不機嫌そうな表情を隠せない人も少なからずいるようです。繊細で周りに気を遣う若手さんほど、そうした**無言のメッセージを敏感に感じ取って萎縮してしまいます。**

また、こんな話も耳にしました。若手さんが体調不良で欠勤の連絡を学校に入れたところ、

「大丈夫？」と体調を気遣うよりも先に、「授業の自習課題はできている？」「何をさせたらいいの？」と、矢継ぎ早に質問攻めにされたそうです。これでは「休んで迷惑かけるなよ」と圧力をかけているようなものです。若手さんとしては「体調不良でも休むことは許されないんだ…」と思い込んでしまうことでしょう。

理想は、教員の働き方改革を根本の部分から実現していくことです。しかし、残念ながらまだ理想と現実の間には大きな隔たりがあります。現状を悲しくは思いますが、ここでは現実に即した対処療法的な提案をしていきたいと思います。

**◆心がスッと軽くなる一言**

定時に帰るときや早めに退勤させてもらうとき、私は先輩教員からこんなふうに言われて、心がスッと軽くなったことがあります。

**「そもそも定時に上がるのが当たり前なのよ～！」**
**「何も気にしなくていいよ。困ったときはお互いさまだから。私も遠慮なく助けてもらうね」**
**「お疲れ様！　ほら、もう定時だし、みんな早く帰るよ！（周りにも呼びかけてくれる）」**

「忙しい」の「忙」という漢字は、りっしんべんの「忄」に「亡」と書きます。つまり「心を亡くす」ということです。人は慌ただしさに忙殺されると、温かい心や思いやりの気持ちをもてなくなってしまうのです。

冒頭の若手さんのケースにしても、周りの先生方には何の悪気もなかったのかもしれません。たまたま仕事が忙しくて「目を合わせて『おつかれさま』と言う余裕がなかった」「仕事に集中していて気づかなった」だけかもしれません。

しかし、無言の対応では、もともと繊細な若手さんは、「何か自分が悪いことをしたのだろうか」とビクビクしてしまい、気持ちよく退勤することができません。どんなに忙しくとも、「お疲れ様！」の一言を言うくらいの余裕はもっていたいものです。

## ◆「時代のせい」にする

「勤務時間外でも、子どものためなら働くしかない」という気持ちで過酷な労働環境に耐え忍び、子ども最優先で頑張ってきたベテラン教員ほど、自分の価値観を若手さんに押しつけがちです。中には勤務時間を過ぎてもかまわず、急ぎの仕事や子どもへの対応だけでなく、保護者対応まで指示してくる管理職もいます。もちろん、子ども優先で動くことは大切ですが、若手さんがつぶれてしまったら元も子もありません。もし、職員室でそのような光景を見かけたら、サッとフォローに回ってあげましょう。ベテランの教員に物を申すときには、「時代のせい」にすると角が立ちません。

**「先生〜もう時代が変わっちゃったんですよ。今の時代だといろいろ問題にされちゃうんですって。この件、明日にしませんか？　まったく、嫌な時代ですよね」**

　問題の対象を「時代」にしてしまうことで、ベテランは「まあ仕方ないか」という気になり、角が立たずに言いたいことを伝えることができます。この伝え方は意外といろいろな場面で使えるので、ぜひ応用してみてください。

　そして、もし若手さんが早く帰らなければならない日には、**「いいよ、何とかするから後のことは心配しないで」**と気持ちよく送り出せるミドルリーダーでありたいものです。

PART 2

# ちょっと慣れてきたからこそ悩む2～3年目の「若手さん」

# 「2年目だから」という呪縛

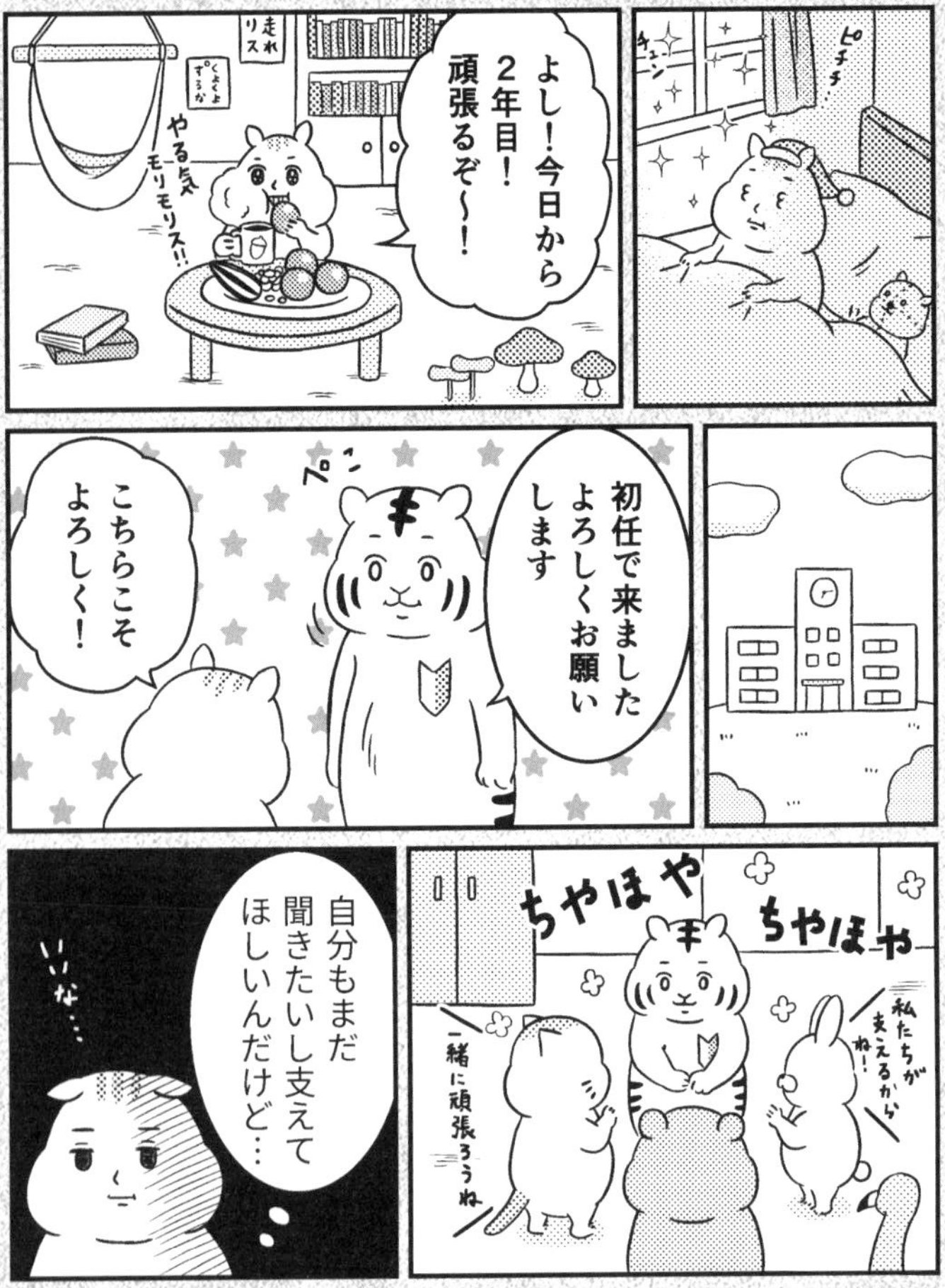

## 若手さんの心の声

教員生活も2年目に突入。

1年目は大変だったけど、周りに助けられながら何とかここまで続けることができた。そういえばこの間、先輩にはこう言われたな。

「何でも教えてもらえるのは初任者のうちだけだよ」

「『2年目だから』って言われるようになるんだよ」

実際になってみてわかった。

本当にそうだ。

「2年目だから、○○先生には任せていいよね」って。

何をするにも「2年目だから」の枕詞がついてくる。

期待されている、ということなのかもしれないけど、正直1年目のときは目の前のことに必死で、仕事のやり方なんてあまり覚えていない。

まだまだわからないことだらけ。不安もたくさん。

2年目って、どうするのがいいのだろう。

## ◆1年目にはなかった仕事がやってくる

なんだかんだいっても、初任のうちは様々な場面で配慮してもらえます。なぜなら、一年間の初任者研修が終わるまでは「条件附き採用」という立場で「試用期間」のようなものだからです。担任をもつ場合にも、比較的まとめやすいクラスだったり、分掌も簡単な作業だったりします。

しかし、正式に本採用となる2年目からは違います。「2年目だから頑張れるでしょ」という感覚で部活や大変なクラスを担当したり、教科主任を任されたりすることもあります。そして、初任時ほどの手厚いサポートは受けられません。

ここで運命の分かれ道がやってきます。2年目から徐々に仕事が楽しくなってくる人もいれば、すっかり疲れ果ててしまって教育現場を去ってしまう人もいます。その明暗を分ける要因の一つに「2年目も周囲のサポートを得られるかどうか」が挙げられます。

ただでさえ忙しい教育現場です。2年目以降の教員を手厚くサポートする余裕がないのも致し方ないことだと思います。しかし、それでもなお気にかけてサポートしていかなければ、退職者や休職者がさらに増えて人手不足に拍車がかかり、学校教育そのものが立ち行かなくなってしまうでしょう。

## ◆放置されがちな2年目にこそ「1on1」を

PARTⅠでおすすめした「1on1」ですが、2年目の教員にこそ試していただきたい方法です。前述のように、2年目になると、初任時と比べると気にかけてもらえる機会が圧倒的に減ってしまうからです。また、若手さんの性格によっては、余計にプレッシャーを感じて「2年目だから相談しづらい…」「初任者のときとは違うから、このくらい自分で解決しないと…」と一人で抱え込んでしまう事態にもなりかねません。

そんなとき、わずか5分であっても定期的に「1on1」の時間が設けられていると、若手さんの思いや悩み事を共有しやすくなります。中には「もう2年目なのだから先輩との面談の時間なんて必要ない」「時間がもったいない」と思う若手さんもいるかもしれません。特に話すことがなければ、趣味の話など雑談だってよいのです。

大切なのは「2年目もあなたのことをサポートするよ」「去年と同じように何でも話してくれていいんだよ」というメッセージを伝え続けることです。街角のコンビニと同じです。毎日頻繁に利用するわけではなくても、「必要なものがあれば24時間いつでも買いに行ける」という安心感があるからこそ、必要なときに駆け込むことができるのです。

仮に、空振りに終わったとしても大歓迎です。ぜひ「1on1」を試してみてください。

## ◆若手さんの強みを生かす

人材育成には時間がかかります。そもそも「1年で使いものになる」と思うほうが間違いです。どの業界においても即戦力が求められる今日ですが、どんな仕事でも1年間でマスターできるものではありません。多少なりとも仕事に慣れてきたら「2年目だから」と期待を込めて励ますことが必要な場合もあるでしょうが、過度の期待は禁物です。

そもそも、「2年目だから」という枕詞は、若手さんとミドルさんの思考を停止させてしまう常套句の筆頭です。

**×「2年目だから、この仕事を任せてみよう」**

**×「2年目だから、これくらいならできるはず」**

という発想ではなく、

**○「△△が得意で力を発揮している先生だからこそ、この仕事を任せたい」**

**○「去年、この仕事を器用にこなしていたから、さらにステップアップしてほしい」**

という発想に解像度を上げることが必要です。

若手さんに対してのみならず、誰かに仕事を任せる際には、「教員一人一人がもっている個性や強み、経験を正しく捉えた上で行う」ことです。そうすれば相手も「そういう理由で任せてもらえるなら頑張ってみよう」と高いモチベーションをもって仕事に打ち込んでくれるでしょう。

### ◆先輩の「しくじり話」が励みになる

若手さんに聞くところによると、最もありがたく思うのは、先輩が自分の「しくじり話」を語ってくれたときだといいます。これまでにどんな失敗をして、どうすることで乗り越えてきたのか、自分の失敗談を伝えてあげると、2年目以降の若手さんにとって有用な情報になるようです。

たまに「ある程度は失敗させてみないと経験を積めないから、それまでこちらからは何も語らない」という厳しい教員もいますが、効果を期待できるどころか、むしろ逆効果になります。

私が若手の頃も、特に生徒指導や保護者対応に関しては、隣の席の先生の失敗談から多くのことを学び、勇気をもらいました。自分の経験を惜しみなく後輩に伝え、「失敗しても大丈夫なんだから、どんどんチャレンジしよう」というメッセージを伝えてあげたいものです。

## とうとう後輩ができてしまった…

## 若手さんの心の声

うちの学校に初任者が来た。初めての後輩だ。
年齢が近くてうれしい反面、ちょっと不安。
自分よりデキる後輩だったらどうしよう。
周りから比べられたりするのかな…。
自分が一番年下のほうが気楽だったよなぁ…。
まだ一人前にできることも少ないし…。
え？　もしかして私も後輩指導とかしなくちゃいけないわけ？
そんなのムリだよ！
自分のことだけでいっぱいいっぱいなのに…。
私にも何かできることがあるのかなぁ。

## ◆「後輩ができた」は成長のビッグチャンス

職場によっては、2年目から後輩の指導を任される若手さんもいます。そうでなくても、学生ボランティアや教育実習生への対応など、何らかの形で後輩の指導に携わるケースもあります。

私自身も2年目の頃から、「よかったら実習生の指導案、一緒に見てもらってもいい？」「ちょっと実習生の相談に乗ってあげてくれない？」など、先輩教員からお願いされていました。今思えば、あえて後輩の指導に関わらせることで、私が成長できる機会を与えようとしてくださっていたのだと思います。

子どもたちがまさにそうですが、下の学年が入学して自分たちが「先輩」という立場になることで、ぐんと成長します。2年目以降の若手さんも同じです。私はこれまでに、後輩との関わりを通じて一皮むけた教員をたくさん見てきました。

若手さんを後輩指導に当たらせる際のアドバイスは、たった一つです。それは**「一緒にやってあげてね」**と伝えることです。そして、**「何か困ったことがあったら、いつでも相談に来ていいからね」**という一言を添えます。何かしら困ることは起きるものです。困ったときはいつでも頼れる」という心理的安全が確保された上で、後輩と一緒に課題を解決していくことによって、一人では気づけなかったことに気づいたり、新しいことにチャレンジしたりできるようになっていきます。

### ◆2年目以降の教員に必要な力

私は、2年目以降の教員に必要とされる力は次の二つであると考えています。

- **自分の課題をメタ認知する力**
- **課題解決に向けて考える力**

これらの力を伸ばすために、次のようなお願いを若手さんにします。

**「実習生が授業で悩んでいるみたいだから、一緒に考えてあげてくれる?」**

若手さんとその後輩たちが同じ目線で一つの課題に取り組むことで、課題をメタ認知して捉えることができ、足りない部分や改善点を見いだすことができるようになります。「一つの課題を一緒に解決する」ということは、目の前にいる後輩の姿に、自分の姿を重ねながら、自分の課題を客観視せざるを得ないからです。これこそが、2年目以降の教員に必要とされる、「自分の課題をメタ認知する力」と「課題解決に向けて考える力」です。後輩の指導に携わることによって、これらの力が付くスピードは各段に速くなります。

### ◆具体的な手段は示さない

2年目以降の若手さんにアドバイスする際のもう一つのポイントは、「実習生にこうなってほしい」という目的はきちんと伝えつつも、「そのために○○と□□について詳しく教えてあげてね」などの具体的な手段は示さないことです。これは、若手さんに自走させることが目的です。

若手さんは「一緒にやる」というミッションが与えられた時点で、後輩が抱える課題を自分事として捉えようとします。このとき「この課題を自分たちで解決していかないと」という当事者意識が芽生えます。すると、「そのために自分にできることは何だろう」「授業のねらいの立て方について教えてあげたらいいかな…」などと、自分にできそうな手段を自分の頭で考えるようになります。この過程こそがとても大切なのです。

### ◆若手さんの後輩たちにはあえて「1年分のキャリア」を強調する

前の項では「2年目だから」という枕詞が若手さんを苦しめると述べました。その一方で、若手さんに自己有用感をもって後進の指導に当たってもらうために、あえて使う場合もあります。

例えば、2年目以降の若手さんを初任者や実習者に引き会わせる場面です。

**「A先生は去年1年間、一所懸命に子どもたちと向き合ってきたから、きっとあなたたちの力になってくれますよ。一緒に仕事をする中で、たくさん学んでくださいね」**

このように若手さんの「1年分のキャリア」を強調します。

職員室の中では、まだまだ経験の浅い2年目の教員も、未経験の初任者や実習生にとっては「『1年分のキャリア』を積んだプロ」に違いありません。それを意識させることで後輩たちからのリスペクトに満ちた視線を集めることが目的です。

ちょっとしたことなのですが、若手さんが成長する可能性を少しでも広げることができたらいいなと考えています。

# 去年と比べて成長していない「停滞」の恐怖…

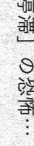

## 若手さんの心の声

2年目になったのに、昨日も今日も授業がうまくできなくて悩んでいる。

少しも上達した感じがしない。

毎回毎回、同じところでつまずいてしまう。

子どもともなかなか信頼関係を築けないし、保護者にもいまだに「大丈夫かな?」って心配されていそうだし…。

教員になって1年がたったというのに、初任の頃から全然成長していない…。

いつもうじうじと悩んでばかり。

2年次研に行くと、他の学校の同期たちは楽しそうで、キラキラ輝いて見える。

同じような失敗を続けていて、自分はいつになったら一人前になれるんだろう。

あぁ、私も早く成長したいなぁ。

## ◆「悩みの成長」を褒める

真面目で頑張っている若手さんほど「自分は成長していないのではないか」という悩みをもっています。

松下幸之助さんがこんな言葉を遺しています。

**「悩みはあって当たり前。それは生きている証しであり、常に反省している証拠でもある」**

「成長したい」「早く一人前になりたい」という思いが人一倍強いからこそ悩むのであって、悩んでいる時点でその若手さんはすでに立派に成長しています。教員を続ける上で大切な、「謙虚さ」をもち合わせているといえるでしょう。

このような若手さんが、さらに成長できるかどうかは周囲の先生方の関わりが大きな意味をもちます。

ミドルさんとしては、

**「そういうふうに悩めるようになったこと自体が素晴らしい成長だと思うよ！」**

**「自分では停滞していると思っているかもしれないけど、私から見たら授業の段取りも、子どもたちへの声かけも各段にうまくなったと思うよ。例えば、この前の○○のこと覚えてる？」**

というように、励ましつつ、ミドルさんが若手さんの成長を感じた具体的なエピソードを伝えることで、前を向かせてあげたいものです。

### ◆「新しいこと」にチャレンジできるようにする

若手さんが「停滞している」と感じるのは、裏を返せば「もっと前に進みたい」「何か新しい刺激がほしい」という気持ちの表れです。教員として大きく成長するためのビッグチャンスを迎えているといえるでしょう。

そこで、何か「新しいこと」に触れられる機会をつくるようにします。新しい仕事を与えてみてもよし、役立つと思う本をすすめてみてもよし。若手さんから「こんなふうになりたい」と思い描く理想像をヒアリングしながら、何か新しいことにチャレンジできるきっかけづくりをしていきます。

### ◆「できる」を実感させているか

若手さんに限らず、自分のできないことばかりに目が向いてしまうと、自信をもてなくなります。

## 「ほら、あなたにもできたでしょ。あなたにはできる力があるんだよ」

こんなふうに「自分にもできることがあるんだ！」と実感できる機会をつくってあげたいものです。大切なのは、若手さんができそうな仕事を「任せる」ことです。どんな小さなことでもかまいません。その仕事のもつ役割と意義を明確にして仕事を任せてみましょう。すると、若手さんに当事者意識が生まれ、仕事の質が変わってきます。

中には「とてもじゃないけどこの若手さんには任せられない（任せたくない）」と思ってしまうこともあるでしょう。しかしそうした場合でも、うまくいかないときはサポートする、という覚悟をもって任せないことには、若手さんはいつまでたっても成長できません。

仕事を「任せる」ということは、いざとなったら自分が「かぶる」ということです。ただし、ただの「押しつけ」にならないよう、具体的な手立てもしっかり伝えます。

何の手助けもなく、自分の足で歩ける若手さんは、まれです。中には、すぐにできる人もいるかもしれませんが、大半の人は「ちょっと支えてくれたら歩けそう」という段階にあります。そこで、仕事を任せたら、「あれやった？」「これやった？」と確認しながら、「ほら、できるでしょ」「あなたにはできる力があるんだよ」と伝えながら、若手さん自身が自分の成長を実感できるようにします。

　そのためにも、若手さんのうまくいった瞬間を見逃さないよう見守ることが大切です。併せて若手さんの周囲にいる子どもたちがどんな様子なのかについても気にかけてあげたいものです。

### ◆子どもや保護者の言葉を間接的に伝える

　教員にとって、子どもや保護者からの褒め言葉ほどうれしいものはありません。

**「〇〇さんが、先生の授業がすごくわかりやすくて、勉強が楽しくなったって言ってたよ」**

**「この前、保護者会で先生のことを褒めている保護者がいたよ。〇〇さんなんだけど…」**

　私自身も、教員になって間もない頃、こんなふうに子どもや保護者の言葉を先輩教員づてに聞いて、とても励みになったことを覚えています。

　また、自分が伝えたいことを、あえて他の先生に伝えてもらうというのも方法の一つです。**「前川先生があなたのこと、すごく褒めていたよ」**といった具合に、間接的に伝わると、褒め言葉がより強く心に響くこともあります。

　子どもにも効果的な手法ですので、ぜひ試してみてください。

# どうしても周りの先生からの評価が気になってしまう

## 若手さんの心の声

うちのクラスは、比較的落ち着いている。真面目な子が多くて、今のところ大きなトラブルも起きていない。

だけど、何となくまとまりがなくて、いつも行事のときには盛り上がりに欠ける。

今日の運動会の反省会でも、先輩教員から「先生のクラスってなんかおとなしいよね」「あの子たち、もう少し盛り上がってくれたらいいよね」って言われてしまった。

一方で、他のクラスは「あのクラスは普段は騒がしいけど、行事のときだけはまとまるよね」なんて言われていて、評価が高いみたい。

うちのクラス、どうして盛り上がらないんだろう。

子どもたち一人一人はすごく頑張ってるんだけどなぁ。

担任の私のせいかな…。

もっと他のクラスみたいに、「一致団結！」とか熱血感を出したほうがいいのかな。

でも、そういうの好きじゃないし、きっと自分には向いてない。

なんか地味に悩むなぁ…。

## ◆周囲からの評価に悩む若手さん

周囲の先生方からの評価に一喜一憂してしまう若手さんは少なくありません。ただでさえ学級経営に自信をもてずにいる中で頑張っているので、少しでもマイナスなことを言われると、余計にネガティブになってしまいます。

「最近の子どもたちっておとなしいよね」「私たちの頃は、もっと元気があって行事ももっと盛り上がってたよね」とつい口に出してしまう教員は少なくありません。昔の価値観のまま今と比較してしまいがちなベテラン教員に多い発言といえるでしょう。

こうしたとき、「盛り上がるってどういう感じだったのですか?」とか、「どうすればもっとまとまりますかね?」などと質問できる若手さんであればよいのでしょうが、中には「自分は間違っているのだろうか…」と一人で深く悩み込んでしまう人もいます。

「子どもはこうあるべきだ」「クラスはこうあるべきだ」といった先輩教員の画一的な価値観にとらわれてしまって、若手さんが余計な悩みを抱えないよう、ミドルさんは次のように心がけるとよいでしょう。

### ◆子どもの成長に目を向けさせる

もし、若手さんが周りの教員の言葉や評価を気にしているのであれば、**「今、どこを向いて仕事をしている？」「誰のほうを向いて仕事をしたいの？」**と問いかけるのもよいでしょう。

学級の子どもたちの日々の成長を一番近くで目の当たりにしているのは担任です。ですから、周りの教員のネガティブな評価に惑わされる必要はありません。

もちろん、周囲の言葉を謙虚に受け止めて、前向きに生かしていくことは大切です。しかし、冒頭の若手さんのように必要以上に気にしがちな性格の場合は、目の前の子ども一人一人のポジティブな面（冒頭の若手さんの学級であれば、「真面目な子が多い」ことなど）にこそ意識を向けられるようにします。

### ◆「子どものせい」にさせない

どのようなケースであっても避けたいのは、自分がうまくいかない原因を「子どものせい」にしてしまうことです。

ときには、「クラスがまとまらないのはリーダー役の子どもがいないから」「盛り上がらないのは、子どもたちがおとなしいから」などと、子どもたちに原因を求めてしまいたくなることもあります。しかしそれは、厳に戒めなければなりません。教員としての自分の成長の妨げになってしまうだけでなく、子どもたちからの信頼も失うからです。

ちなみに、ベテラン教員が口にしがちな「今の子どもたちは、私たちが若かった頃とは違うから」といった発言も、遠回しに子どものせいにしてしまっているので、気にとめる必要はありません。

もし行事が盛り上がらない理由に「リーダー役の子どもの不在」があるというのであれば、「これから育てていこう」「普段おとなしい子たちも活躍しやすいように、役割を与えてみよう」というように、教員側から働きかけられそうなことについて、若手さんと一緒にアイデアを出し合ってみるとよいでしょう。

## ◆「一致団結!」が目的ではない

行事などでよく耳にする「一致団結」という言葉は、「多くの人が、一つの共通目標を実現するために協力して臨むこと」を表します。この言葉は「団結」させること自体が目的ではありません。「共通の目標」をもてるようにすることが目的です。

もし「何となくまとまらないなぁ」と感じているのであれば、若手さんに「今回の行事にあたって、どんな目標を立てていたの？」「子どもたちは何を目標にして頑張っていたの？」と尋ねてみます。目標の立て方自体が誤っていた可能性があるからです。例えば、クラス全員が納得のいく目標になっていなかったのかもしれませんし、目標を達成するための手段に課題があったのかもしれません。

私自身もそうでしたが、若ければ若いほど「一所懸命さ」や「情熱」でがむしゃらにぶつかろうとします。そこには「熱く語れば子どもたちに伝わる」という思いもあるでしょう。

もちろん、熱意に人の心を動かす力があるのは事実です。また、それは若手さんの強みとなる部分でもあります。しかし、本質的な部分や仕組みに目を向けないことには、根本的な解決には至りません。

経験豊富なミドルさんだからこそ、冷静に「目的」と「手段」を切り分けて「適切な目標は何か」を整理して伝えれば、若手さんも自分の支援を振り返りやすくなるでしょう。

# ICT活用って どうすればいいんだろう

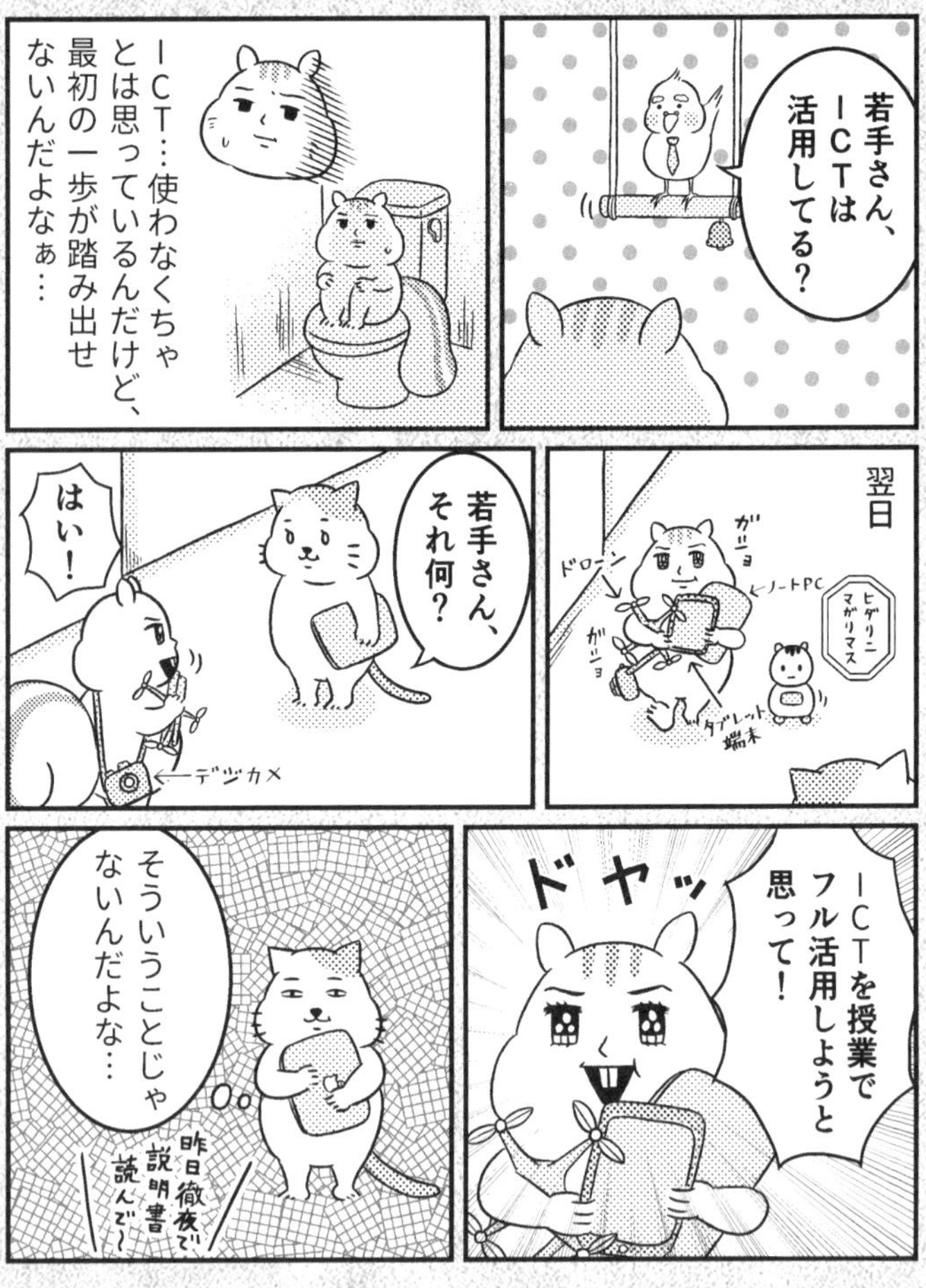

## 若手さんの心の声

この前、校長先生との面談があった。

「先生、若いんだからもっとICTを生かした授業にも挑戦してみたら？」と言われた。「若いから」っていう理由はよくわからないけど、まあ言いたいことはわかる。

確かに、あまりICTツールを使った授業はできていない。自分でも気にはなっていた。たまに使うこともあるけど、うまく活用できている自信はない。

現場に出るまでは、自分も毎日タブレット端末を使って授業をするものだと思っていたけど、実際にはICTツールを使わずに授業をしている先生も多い。そんな先生たちを見ているうちに、自分も授業に慣れるまで使わないほうがいいのかな…なんて思うようになった。

毎日バタバタしていて新しいことに挑戦してみる余裕もないし…。

だけど、中には、バリバリ使いこなしているカッコいい先生もいる。

本当はもっと使えるようになりたいんだよなぁ。

## ◆ＩＣＴ活用をすすめる二つのメリット

ＩＣＴツールに関しては「使うこと」自体が目的ではないため、無理をして使う必要はありません。だからといって「全く使わない」というのも考えものです。実社会に結びつく学びを考えるなら、必要に応じてＩＣＴツールを使いこなせるスキルは、若いうちから身につけておきたいからです。

そこでまずは、ミドルさんが「ＩＣＴ活用のメリット」を自分なりに整理して、若手さんに伝えてみることから始めてみるとよいでしょう。

私の考えるＩＣＴ活用のメリットは次の三つです。

①学びの効率がＵＰする

ＩＣＴツールを用いると、子どもたちの学びの効率が格段に上がります。特に難しいことをしなくても、動画を見せたり、パワーポイントのスライドを使って発表させたりするだけでも、学びを深めやすくなります。

特に、「情報を共有する」という部分においては、教科を問わず効果を発揮することでしょう。そこで、子どもたちが自分の考えたことや作品などをオンライン上で共有し、交流し合えるような場面を設定することから始めてみるのがよいと思います。

②授業改善の視点が生まれる

授業においてICTツールを効果的に取り入れるためには、あらかじめ「何のために」「どんな場面で」「どのように使うのか」を考えておく必要があります。そのため、授業のねらいや組み立て、一時間の流れをクリアにして、内容を見直していくことになります。この過程が若手さんにとっての新たな授業改善の視点になります。

その際、大切なのは「そもそもICTを使うことが目的ではない」「授業をよりよくするためのICT活用である」という点を若手さんと確認しておくことです。

ICT活用をきっかけに若手さんの「授業をデザインする力」「授業を実践する力」「授業を振り返る力」を伸ばしていくことが大切です。

③働き方改革への意識が高まる

民間企業では、DXの進展によってペーパーレス化が進み、無駄をなくしたり、業務改善を図ったりする試みが続けられています。学校においても校務支援システムをはじめとしてＩＣＴツールを使うことで採点が楽になったり、ワークシートの印刷作業を必要としなくなったりするなど、仕事の効率化が図られています。便利なＩＣＴツールの使い方がわかれば、若手さんにとっても「効率よく仕事をする方法」や「無駄をなくす方法」を考えるきっかけになるでしょう。

ＩＣＴツールを使うことによって余計な仕事が増え、若手さんの負担が増えてしまうようでは本末転倒です（もちろん、慣れてくるまでは少しだけ努力が必要ですが…）。「いかに効率よく使いこなして無駄をなくすか」という視点で自分の仕事をとらえていくことが大切だということにも触れておきましょう。

## ◆最初の1時間だけ授業に入る

ＩＣＴ活用にチャレンジしたいという気持ちはあっても、最初の一歩を踏み出すときには勇気がいるものです。しかし、ＩＣＴ活用の秘訣は「トライアル＆エラー」です。とにかく使ってみないことには何も始まりません。

若手さんが新しいツールを使ったり、新しい活動にチャレンジしてみようと思ったりするときは、私は最初の１時間だけ授業に入るようにしています。「どんな授業になるんだろう」とワクワクしながら、一緒にトライアル＆エラーを楽しんでいます。

### ◆成果を共有する場をつくる

若手さんとしては、他の教員の成功事例や失敗事例を知りたいものです。簡単な場でよいのでスレッドを立ち上げたり、授業の成果や課題を集約するフォルダをつくったりして、ＩＣＴ活用の成果と課題を共有できるようにすると便利です。

また、若手さんを連れてＩＣＴ活用の得意な教員の授業を参観したり、ＩＣＴ支援員とつないであげたりするのもよいでしょう。

# それなりに授業もできるけど、今のままでいいのかな…

## 若手さんの心の声

初任者の頃と比べると、授業はなんとなくできるようになってきた。

時間内に終わらせることもできるし、子どもたちも話を聞いてくれている。

だけど、自分では納得がいっていないし、なんだかつまらない。

これでいいのか、いつも不安だ。

授業だけじゃない。

事務仕事に関しても同じことを思ってしまう。

一応、期限までに仕事をこなすことはできているけど、質がどうなのかはわからない。

とにかく自信がない。

初任者のときはいろんな先生が気にかけてくれて、「最近、授業はどう？」とか、「ここがもうちょっとできるといいね」とかアドバイスをくれていた。

2年目になったら何を基準に判断したらいいのだろう。

本当に今のままでいいのかな…。

### ◆あえて若手さんに頼ってみる

私が2～3年目の頃の話です。当時の私は、何か失敗するたびに落ち込んでばかりで自信がなく、決して優秀とはいえない若手でした。それなのに、なぜかそんな私にわざわざアドバイスを求めてくる先輩教員がいました。

**「ねえねえ、授業でこんなことをやりたいと思っているんだけど、どうしたらいいと思う？」**

**「もしよかったら今度、授業を見に来てくれない？　アドバイスもちょうだい」**

**「できれば一緒に授業に入って手伝ってくれたら心強いなぁ」**

先輩の相談に乗ると、自分の仕事は増えてしまうわけですが、当時はそんなことは気になりません。先輩教員に頼ってもらえたことがうれしくて、「せっかく声をかけてくれたのだから、何とか先輩の役に立ちたい！」と張り切ったものです。

実際に先輩の授業を見に行き、「どうしたらこの授業がもっとよくなるんだろう？」「自分だったらどうしたいかな？」などと考えているうちに、だんだんと自分なりの考えが明確になっていったように思います。

そして、「先輩の授業でやっていたあの活動、自分の授業でもやってみようかな」とか、「先輩の授業に比べて、自分の授業は子どもの発言が足りないな」とか、「この部分は自分のほうがうまくできているかもしれないな」などと新たな視点が生まれ、自分の授業を客観的に見直すことができるようになったのです。

今思えば、私にアドバイスを求めてきた先輩教員は、自信をなくしている私に気づいて、次の段階へと成長させるためにあえてそうしてくれていたのだと思います。若手育成のテクニックの一つとして相談してくれたのです。

この方法がよいかどうかは好みによると思いますが、当時の私にはとても効果的でした。

### ◆判断材料や価値基準と引き合わせる

若手さんは、何がどうなったら「自分ができている」と判断してよいのかわからず、自信をもてずにいます。つまり、自分の価値を評価する材料をもっていないということです。

そんなとき、若手さんに対してミドルさんがしたいことは、「なるほど、ここを目指すといいんだな」「これではまだ足りないんだな」と思えるような、判断材料や価値基準と引き合わせることです。

判断材料や価値基準は理屈ではありません。「百聞は一見にしかず」です。若手さんが直感的に「こんな授業がやりたい！」、あるいは「こんな授業はしたくない…」という価値に出合えるようにサポートしていきます。

２年目以降は他の教員の授業を見学に行く機会も減ってしまうため、必然的によい授業との出合いも減ってしまいます。先ほど紹介したような「あえて若手さんに頼ってみる」方法など、何か口実をつくって他人の授業を見る機会を設けてあげるとよいでしょう。

## ◆フィードバックはこまめに

２～３年目になると、授業や仕事に対してフィードバックをもらう機会が減ります。２年目以降は手を離してしまいたくなってしまう気持ちもわかりますが、３年目まではこまめなフィードバックがあったほうが若手さんは安心します。

若手さんからすると、自分から「どうでしたか？」と先輩に聞くのはハードルが高いものです。「ここがよかったよ！」「ここはできていたよ！」といったフィードバックはいくらあってもありがたいものです。

「少しおせっかいかな？」と思うくらいがいい塩梅だと思って、３年目までの若手さんにはこまめにフィードバックをしてあげるとよいでしょう。

### ◆本当のスタートはここから

私は「自分の授業ってつまらないな」「このままでいいのかな」と思えたときこそが、教員としての本当のスタートだと考えています。自分の授業がつまらないと思えたということは、子どもの表情や反応を冷静に見ることができるようになった証しです。

授業改善に必要な最初のスキルは「子どもの反応を冷静に受け止める」ことです。授業のよし悪しは、いつも子どもが教えてくれます。子どもたちの目の輝きや発言から察することができるようになって初めて、次のステップに進めるのです。

# 2年目の研究授業、何をすればいいの？

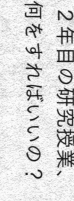

## 若手さんの心の声

あ～またやって来た…。

教師になって2回目の研究授業。

初任研のときは、とりあえず授業をすることで精一杯だったけど、今回はどんなことをしたらいいんだろう。

さすがに、初任者のときみたいな授業じゃ許されないだろうなぁ…。

どうやら今回は、同じ地区の初任者や若手教員も見に来るらしい。

どうにか、いいところ見せないと。カッコ悪いところなんて見せられないよなぁ。

想像したら、今から緊張してきた。

指導案を作ったり、会場の準備をしたり…。

ただでさえ忙しいから大変だけど、いい授業にしたいなぁ。

## ◆「たった一つだけ」の目標設定を

この若手さんのように「どうしたらいいかわからない」と悩んでいる場合は、まず「今、自分の授業で一番改善したいところはどこ?」と聞いてみましょう。若手さんが、発問の立て方に悩んでいるのであれば、「子どもの考えを深める発問の仕方」をテーマとするなど、研究授業の個人目標を決めるように促します。

校内研究などの場合には、あらかじめ研究主題が設定されていますが、それとは別に個人の目標を決めておくようにします。

研究授業の成功の秘訣は、目標を「たった一つだけ」に絞ることです。そうするだけで授業を組み立てやすくなり、研究発表後のフィードバックも受けやすくなります。

2~3年目の研究授業は、「新しい授業スタイルの提案」というよりも、「若手教員の授業力向上」を重視している場合が多いものです。そのため、「新しさ」や「カッコよさ」を意識する必要はありません。ミドルさんから「**シンプル・イズ・ザ・ベストだよ。自分の授業の課題と向き合えれば、それでいいんだから**」と伝えてあげるとよいでしょう。

### ◆過程も含めてフィードバックを

研究授業の目標が決まったら、当日に向けて準備を進めます。

忙しい中ではありますが、研究授業を行う単元が決まった段階で、ミドルさんは何とか時間をつくり、5分だけでもよいので授業を参観しに行きたいものです。単元の1時間目から見に行けるのがベストですが、難しければ単元途中の授業や模擬授業は見ておきましょう。私は、若手さんや教育実習生に対しては、可能な限り自ら子ども役を買って出て、模擬授業につき合うようにしています。

心がけたいのは、研究授業当日だけでなく、研究授業までの過程を含めてフィードバックすることです。そうすれば、若手さんに**「研究授業は、そのときだけパフォーマンスを発揮できればよいわけではなく、それまでの学習の積み重ねが大切なんだ」**ということを、肌で感じてもらうことができるでしょう。

### ◆前日はチェックリストで一緒に最終確認を

2～3年目の若手さんであれば、研究授業を行うのは初任研以来の2回目であることが多いでしょう。準備にもまだ慣れておらず、緊張で周囲に気をまわす余裕もないはずです。

そこで、研究授業前日には、あらかじめつくっておいたチェックリストを見ながら準備が足りているかどうか、若手さんと一緒に最終確認を行うとよいでしょう。

参考までにチェック項目を載せておきます。

- □指導案の作成・印刷（必要であれば押印も忘れずに）
- □子どもへの事前説明
- □いつも以上に教室をきれいに掃除しておく
- □教室の外に、指導案や記名帳を置く場所を設ける
- □教室の後ろに、参観者が座る椅子をいくつか並べておく
- □教室の場所がわかりやすいように、目印となる張り紙をする
- □協議会会場の準備（張り紙、講師席、プロジェクター、お茶の準備など）
- □校内の教員への指導案の配付
- □記録のための動画や写真撮影の準備
- □当日、朝会で「本日ご指導よろしくお願いします」と研究授業があることを伝える
- □講師の教員にあいさつに行くタイミングの確認
- □授業前に出す子どもへの指示の確認（少し早めに席に着かせるなど）

### ◆動画や記録を撮る

自分の授業を動画で撮影して後から見ると、改善すべき点が一目瞭然です。

授業の記録は教員人生の財産となります。授業改善に生かすだけでなく、そのときの様子を翌日の学級便りや報告書にまとめたり、授業ガイダンスの折に自分の授業の様子を子どもに知ってもらう材料にしたりするなど、何かと役に立ちます。

なお、撮影に関しては、必ず本人や児童生徒、関係者の了承を取った上で行うようにします。子どもの顔は映さず、黒板のみを映すようにして、声だけを拾うというのも一つの方法です。また、撮影した記録の取り扱いには十分に注意するように伝えましょう。

# あれ？　これってもしかして私の学級、崩壊してる？

## 若手さんの心の声

大体の流れがわかって、なんとなく学級経営にも慣れてきた気がする。

ホームルームも給食指導も、だいたい一人で回せるようになってきた。

だけど最近、クラス全体がちょっと騒がしくなってきて落ち着かない。

日によって、大きな声を出しても指示が通らないときがある。

この前は音楽の授業で、私語がやまなかったり、立ち歩いたりして言うことを聞かない子どもがいるって報告を受けた。

私の授業でも落ち着かない日が増えている。今日も掃除当番をサボって帰った子どもが何人かいて、対応に困ってしまった。

不満がたまった女子たちはいつも嫌なムードで陰口を言っているし、とにかくクラスの雰囲気が悪い。

これっていわゆる「学級崩壊」の兆候ってやつなのかな？

だとしたら、自分の手には負えないかもしれない。

こんなとき、どうしたらいいんだろう…。

### ◆若手さんに伝えるべきは「大丈夫だよ、みんなで支えるからね」の一言

きっと多くの若手さんが恐れているであろう学級崩壊。少しでもその兆候が見え始めると、あれよあれよという間に若手さんの元気がなくなっていきます。

私もこれに近い状況を経験したことがあり、「きっと自分のやり方が悪かったんだろうな…」と反省して自分を責める気持ちと、「教員失格なのかな…これからどうしたらいいんだろう…」と途方に暮れる気持ちと、「周りの先生に助けてもらって迷惑かけるのも悪いな…」という申し訳なさが入り混じって、とても憂鬱な気持ちになったことを覚えています。

理想は早期発見&早期対応ですが、若手さんの手に負えないようであれば、迷わずチームで対応します。もうこの時点ですでに若手さんは十分申し訳なさと、うしろめたさを感じているはずなので、「なぜ、そうなってしまったの？」などとさらに追い詰めるようなことを言うのは避けなければなりません。

伝えるべきは**「大丈夫だよ、みんなで支えるからね」**であり、つまずいた状態から再び立ち上がれるようにするきっかけをつくることです。

エイブラハム・リンカーンはかつてこんな名言を残しています。

**「あなたが転んでしまったことに関心はない。そこから立ち上がることに関心があるのだ」**

思春期を迎えた子どもは大人に反抗をしながら成長していきます。それ自体は今も昔も変わらないのですが、昔と異なるのは、教師が「右にならえ」を強制し、子どもたちを思い通りにコントロールしようとしても、ほぼ間違いなくうまくいかないということです。

子どもたちは成長するにつれて、物事に対する思考力や理解力が高まり、だんだんと自律的に考えられるようになりますが、そうなるまでには時間がかかります。その過程で学級が落ちつかなくなることがあるのは自然なことの一つなのです。

それに対応する手立てはもちろん必要ですが、だからといって教員を辞めなければならないほどの問題ではありません。周りの教員たちも寛容な姿勢で若手さんを支えていきたいものです。

## ◆クラスの「象徴」として存在するだけでいい

私たち教員は、次のような根拠のない呪縛にとらわれがちです。

**×学級崩壊したクラスから、担任は最後まで逃げてはいけない**

本当は、そんなことはありません。担任として毎日慣れない仕事をこなしながら一所懸命に頑張ってきたのに、教員にそこまで求めるのは酷です。まして若手さんならなおさらです。全員担任制やチーム体制で学級経営に臨む学校も増えてきた今、担任一人に背負わせること自体がナンセンスです。

もちろん、若手さんが自分からポジティブに学級経営に臨んでいて、うまくいっているのであれば任せておけばよいでしょう。しかし、担任の手に負えなくなるのであれば、真正面に向き合わせる必要はありません。無理をさせてつぶれてしまったり、心身の健康を損ねてしまったりしては、元も子もありません。

そこで、まずは「逃げ道を確保してあげる」ことが大切です。ある程度状況が改善するまで周りの教員集団でサポートしつつ、若手さんには**「クラスの象徴として存在するだけでいい」**くらいの気持ちになってもらうとよいでしょう。

**◆ミドルさんが学級崩壊の芽を摘み取る**

学級は、ある日突然崩壊するわけではありません。必ず何らかの兆候があります。例えば、教室にごみが落ちていることが増えたり、ロッカーの上が散らかってきたり、保健室に行く子や授業中にトイレに行く子が増えたりするといった兆候です。クラスでこのような様子が見られたとき、ミドルさんが取る行動は次の二つのパターンに分かれます。

- **兆候を口で伝えるだけで傍観する**
- **兆候を伝えると同時に自分も動く**

前者のミドルさんは**「先生のクラスのロッカー、最近散らかっているでしょ。あれ、まずいよ。早めに何とかしないと」**と伝えるだけです。内心「あとは任せたよ。だってもう初任者じゃないんだから、それくらい自分で考えて何とかしてよ」というスタンスです。担任自身による成長に期待しているのでしょうが、若手さんは救われません。

一方で、後者のミドルさんは次のように伝えて若手さんを支えようとします。

**「先生のクラスのロッカー、最近散らかっていて気になるんだ。学級が荒れ始める前に、早めに対処しておいたほうがいいから、今日クラスの子どもたちに話をしておいたよ。先生からも明日話をしてみたら?」**

若手さんが、安心して次の一歩を踏み出せるようにしてあげましょう。

# 仕事の連携がうまくいかない

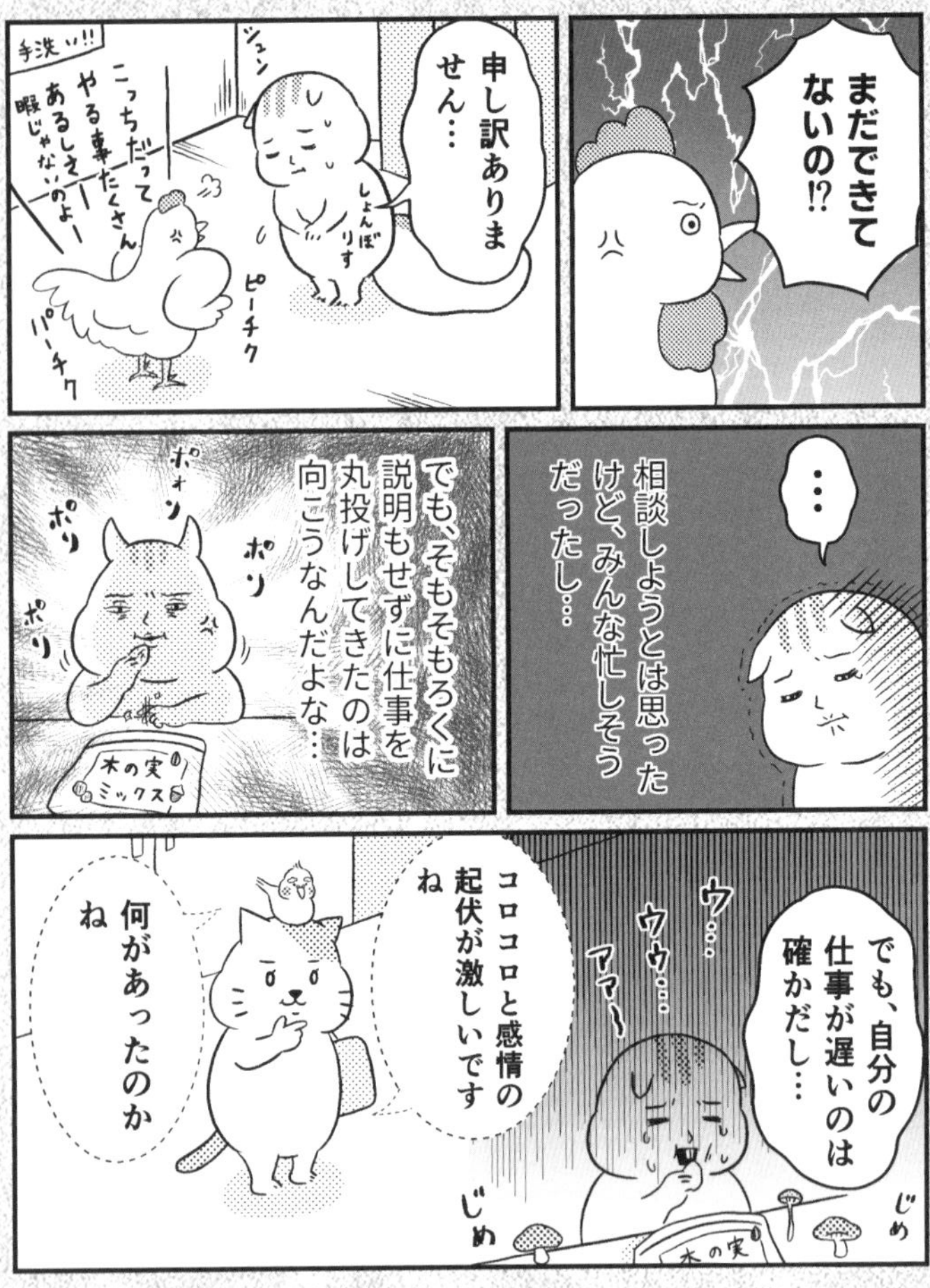

## 若手さんの心の声

また職員室で学年主任に怒られちゃった…。

「この前頼んだ資料、そろそろ完成してるよね？」って聞かれたけど、まだできていなくて素直に「申し訳ありません、まだです…」って謝った。

そうしたら、「えっ、なんでまだこんなところまでしかできていないの？」「今まで何やってたの？　もっと早く相談してくれたらよかったのに…」って怒られてしまった。

確かに自分が悪い。

仕事が遅いのは反省しないと。

でも、説明もなく仕事を丸投げしてきたのは学年主任のほうなのに…。

わからないから何度も相談しようと思ったけど、ほとんど職員室にいなくて忙しそうだし、こっちだって一応気を遣っていたんだよな。

なのに、あんな言い方しなくてもいいじゃん。

もっと頑張りたい気持ちはあるのに、涙が出ちゃう…。

### ◆「教えていないのに叱る」はナシ

**「どうしてこんなこともできないの？」「これくらいは普通考えたらわかるでしょ」「要項に書いてあるじゃない。読んでないの？」「大学で教わってこなかったのかな…」**

思うように仕事がはかどらない若手さんを相手にして、こんな言葉が聞こえてくることがあります。

実際、あまりにも若手さんが成長してくれなくて、現場が困り果てているケースもあるでしょう。ただ、そうした場合にも、右に挙げた言葉遣いをしてしまう教員の多くは、もしかすると若手さんへの期待値が高すぎるのかもしれません。それ自体は、決して悪いことではありませんが、若手さんは大学を出てわずか2～3年しかたっていない新人です。ベテラン教員が思っているような器用さをもっている若手さんは多くありません。

例えば、子どもへの対応に置き換えて考えてみましょう。私たち教員が子どもの学習状況を評価できるのは、教師自身が「学習指導をしたこと」です。定期考査などでも、応用問題を除いては、授業で教えていない内容を出題して点数をつける教員はいないでしょう。

若手さんに対しても、同じことが言えます。

ミドルさんとしては、**「教わっていないことはできなくても仕方のないこと。勝手に期待**

**するのが間違い」「むしろ、自分の説明や伝え方に何か問題がなかっただろうか」**と謙虚に振り返る姿勢をもつことが大切です。できない原因を若手さんだけに求めるのではなく、寛容な気持ちをもって、お互い気持ちよく仕事をしていきたいものです。

## ◆「私たちの時代は」と言いたくなる気持ちをグッとこらえる

「私たちの時代は誰も教えてくれなかった」
「仕事は教わるものじゃない。見て学べ！」
「ただでさえ忙しいのに、構っている暇はない」

ベテラン世代の教員の中には、今でもこんな考え方をもっている人もいます。私のようにギリギリ昭和生まれの世代からすると、ある意味「それも正論かもなぁ」と思う部分もないわけではありません。しかし、こういう考え方が現代の若手さんの足を引っ張っているようにも思います。

全国的に教員不足が深刻化し、「教員免許がなくても採用する」「大学3年時から青田買いする」といった自治体もある今、「私たちの時代」と比べている場合ではありません。現場に来てくれた若手さんたちの成長を何とか促して、若手さん自身の足で一日も早く歩んでいけるように育てる覚悟をもたなければ、学校教育そのものが立ち行かなくなる時代が到来しているのです。

## ◆「若手さんがつまずきやすい職員室」とは

若手さんがやってみたいと思えることにチャレンジできるようにするには、何よりも校務がスムーズに回っている必要があります。「当たり前のことが当たり前に機能している」という土台がしっかりしていなければ、どの教員も若手さんを育てるどころか自分の仕事で手一杯で、余裕がなくなります。その結果、若手さんの足を引っ張ってしまうことにつながってしまうのです。

ほんの一例ですが「若手さんがつまずきやすい職員室」の例を挙げてみます。

- 学年間や教員間に溝がある職員室
- 前任者からの引継ぎがない職員室
- 仕事について教えてくれる人がいない職員室
- 若手さんに仕事を任せる余裕がない職員室

　冒頭で泣いていた若手さんの話の続きです。彼女は校外学習の担当を任されていました。「昨年の資料を参考にしてね」と言われたものの、ところどころ資料が抜けており、自分ではわからない箇所がありました。しかし、学年の教員はいつも席を外して忙しくしており、なかなか聞く機会がありません。前任者はすでに異動してしまっています。他学年の先生に聞くことも考えましたが、学年同士の仲があまりよくないため、なんとなく聞きづらい雰囲気があります。その後、タイミングを見計らって「後で相談してみよう」と思っているうちに子どもへの対応に追われてしまい、学年主任から「えっ、まだやってなかったの？早めに相談してくれればよかったのに」と言われてしまったわけです。

　このように、若手さんが空回りしてしまうケースは少なくありません。任された仕事について知る術がないと、目先のことで手一杯になってしまい、疲弊してしまいます。やる気に満ちあふれた若手さんの足を引っ張らないようにするために、ミドルさんは、**「教員同士の垣根をなくす」「若手に仕事を教える」「校務がうまく回るようにする」**ということを意識しておきたいものです。

# 将来に希望がもてない！

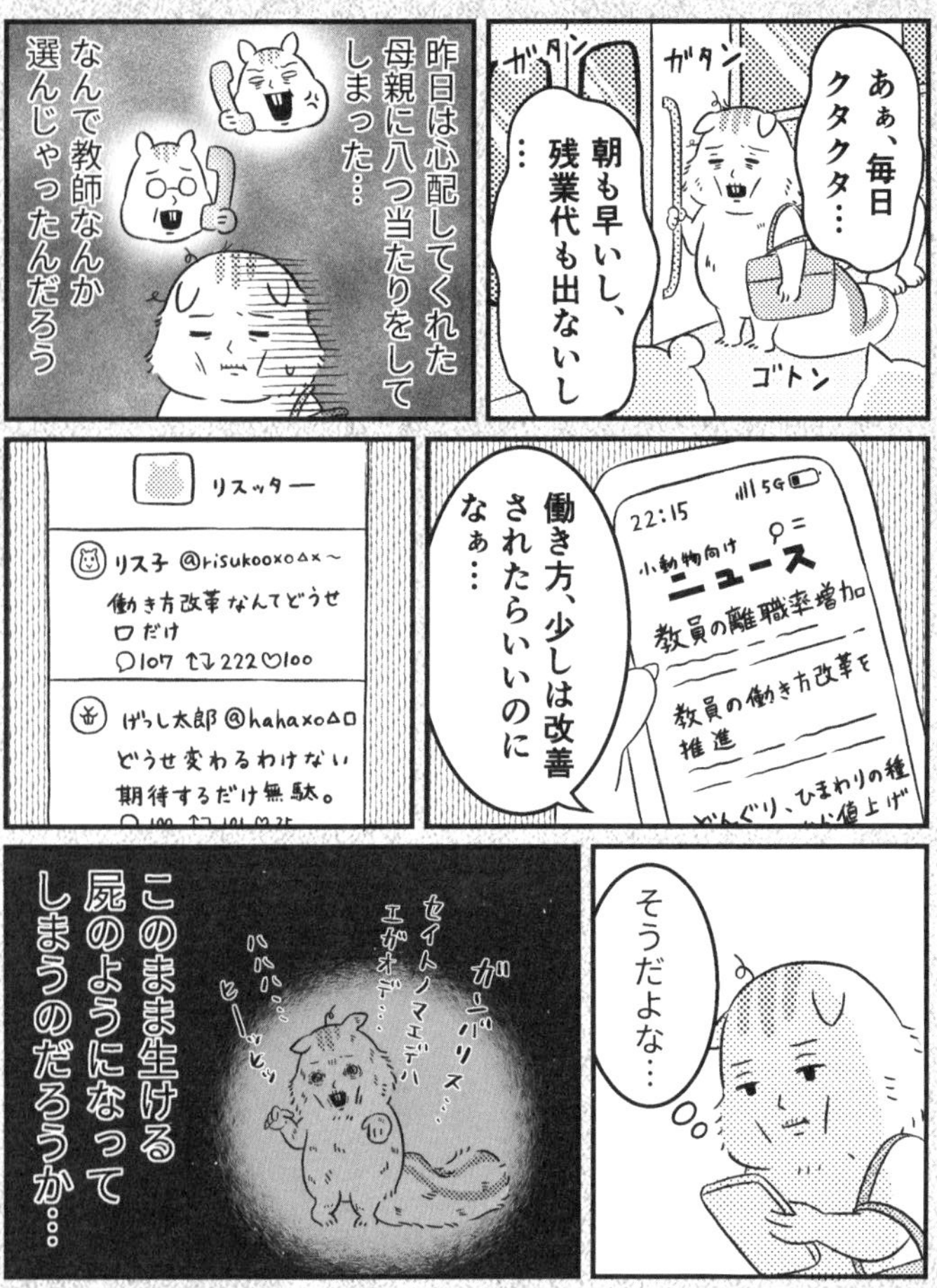
ガタン
ガタン
あぁ、毎日クタクタ…
ゴトン
朝も早いし、残業代も出ないし…
昨日は心配してくれた母親に八つ当たりをしてしまった…
なんで教師なんか選んじゃったんだろう
22:15
5G
小動物向けニュース
教員の離職率増加
教員の働き方改革を推進
どんぐり、ひまわりの種
働き方、少しは改善されたらいいのになぁ…
リスッター
リス子 @risukooxo△x～
働き方改革なんてどうせ口だけ
107 222 100
げっし太郎 @hahaxo△□
どうせ変わるわけない
期待するだけ無駄。
そうだよな…
ガーバリス…
セイトノマエデハ
エガオデ…
ハハハ…
ヒーッヒッ
このまま生ける屍のようになってしまうのだろうか…

## 若手さんの心の声

教師になって2年目。
授業は一向にうまくならない。改善したくても時間がない。
仕事に追われて毎日クタクタなのに、事務作業は増える一方。
朝早く出勤しても、残業しても、給料は変わらず…。
子どもへの対応はできて当たり前。
できなかったらクレームが来る。
まともに食事をする時間もないし、睡眠時間だって短い。
両親はそんな私を心配してくれるけど、疲れすぎて八つ当たりしてしまう。
巷では「働き方改革」とか言ってるけど、何かが改善されている気がしない。
現在24歳。
定年まであと30年以上あるのか…。
この仕事、いつまで続けていけるんだろう。

## ◆教職に失望する若手さんたち

ＳＮＳには、教職の未来に希望をもてない若手さんたちの嘆きや憂いであふれています。日本教育新聞紙の記事によると、２０２１年度に東京都が新規採用した教員のうち、年度末を待たずに自己都合で退職した割合が、過去5年間で最も高くなったといいます。初任者の１００人中４人弱が年度途中に退職したことになるそうです。

本来ならば、教師の仕事は素晴らしい仕事です。しかし、その素晴らしさを感じたり、やりがいを得たりする前に、失望してしまう若手さんが後を絶ちません。特に現場に出て2~3年目の若手さんたちは、初任時と比べて現実を冷静に見る余裕が生まれるため、教職の嫌な部分が目につき始めます。

若手さんたちが想像する「未来の自分の姿」と重なって見えるのは、すぐ近くで働いているミドルさんや先輩教員たちです。周りにいるのが、疲れた顔をしてため息ばかりついている教員ばかりであれば希望のもちようがありません。

確かに、教育現場には多くの課題があるので、ため息が出てしまうこともあるでしょう。しかし、その姿を若手さんたちが目にしているということは、頭の片隅に置いておきたいものです。

### ◆ダメ元でけっこう！　教職の魅力を伝えよう

若手さんが抱いた失望感を消し去ることはできませんが、私たちにもできることがあります。

それは、**「教職の魅力を伝える」**ことです。

伝え方は様々です。「教師の仕事って、私はこういうときが一番感動するなぁ」と自分の経験談を語る、自分が楽しく仕事をしている場面を見せて背中で語るなど、いろいろな伝え方があってよいと思います。あるいは、子どもたちが生き生きと輝いている姿を見せることで、間接的に教職の魅力を伝えることもできるでしょう。

**「若手さんに夢を見せるのも立派な仕事のうちだ」**と思って、自分の得意な方法で教職の魅力を伝えてほしいと思います。

### ◆ゴールを意識させる

若手さんに限らず、私たちミドル層も１年間のうちの99・9パーセントは悩みや苦労の連続で、時に教職に失望したくなるような瞬間に遭遇することだってあります。

しかし、ほんの一瞬でも心を動かされる瞬間があれば、そのわずか0・1パーセントのやりがいで「教師になってよかった」と報われた気持ちになるものです。

その代表的なものが卒業式です。いろいろな困難があるから卒業式までの道のりは長く苦しいでしょう。しかし、私が初めて卒業生を送り出したときは「今日まで頑張ってきて本当によかった」「教師っていい仕事だなぁ」と思えました。

卒業式に限る話ではありませんが、このような教育現場で生まれる喜びを知ることができれば、「とりあえず3月までは頑張ってみようかな」「この子たちの卒業式までは頑張ってみようかな」という気持ちが自分自身を支える糧となります。

### ◆失望の原因（課題）を整理する

若手さんが教職に失望感を募らせている様子が見られたら、やるべきは課題の洗い出しです。ミドルさんも一緒になって、思いつく限り挙げてみます。

課題を洗い出せたら、次の二つのうちどちらに該当するか分類してみます。

### ①自分の工夫や努力で何とかなること

## ②自分の工夫や努力ではどうにもならないこと

①の「自分の工夫や努力で何とかなること」とは、例えば「授業力向上」や「睡眠時間の確保」といった、本人の努力や工夫に関わる課題です。少しでも解決に向かう手段を一緒に考えることで見通しをもつことができます。

なかには、ミドルさんの力を借りても解決するのに何年もの月日を必要とする課題もあるでしょうが、ここでは若手さんが「自分にできる対処療法を探す」ことが目的ですので、ひとまずそれは脇に置いておいて、まずは目の前で起きている困り事を解決する手段を考えていきましょう。

②の「自分の工夫や努力ではどうにもならないこと」とは、いわゆる勤務時間や給与面の問題のような「環境」や「仕組み」に関わる課題です。これは若手さんの工夫や努力でどうにかなるものではありません。おそらく、教職に失望して退職する教員の多くが、この「自分ではどうにもならない」課題に直面していたのではないかと推測されます。

### ◆ミドルさんのやるべきこと

では、この「自分の工夫や努力ではどうにもならないこと」に対しては、どのようにサポートすればよいのでしょうか。ポイントは次の三つです。

> 1　現実はすぐには変わらなくとも「考え方」を変えることはできる
> 2　最上位の目的に立ち返る
> 3　高いところから眺めてみる

**1　現実はすぐには変わらなくとも「考え方」を変えることはできる**

「自分の工夫や努力ではどうにもならないこと」に対処するコツは、「正面から闘わないこと」です。もともと自分の力の及ばないことなので、どうにかしようなんて思わずに、潔く諦めたほうが賢明です。ただし、自分の人生まで諦める必要はありません。

ほんの少し課題の見方や考え方を変えるだけで、楽に対処することができることもあります。見方や考え方を変えるためには、**2**以降のステップを踏みます。

## 2　最上位の目的に立ち返る

まずは、「そもそも何をしたくて教員になったのか」という、最上位の目的に立ち返ってみることです。今、教職に失望している若手さんにも、「子どもの成長の手助けをしたくて教員になった」とか「学びの楽しさを伝えたくて教員になった」とか、やりたいことがあったことでしょう。

そうした最上位の目的に立ち返った上で、今直面している課題がどのように生かせるかを考えてみます。

例えば「学びの楽しさを伝えたくて教員になった」という人が「上から言われた事務仕事に時間を取られる」という課題があったとします。事務仕事に関しては自分の力の及ぶことではないため、諦めて何とか終わらせるしかありません。しかし、同じ嫌な仕事をするにしても、どうせなら少し見方を変えて「それが自分の目的を果たすためのどんな手段になり得るか」を考え出せると、前向きに捉えられるようになります。

ほかにも、「事務仕事って本当に面倒だなぁ。だけど、発想を変えれば子どもたちにとってのドリル学習みたいなものだと言えるかもしれない。今、自分はそういうことを身をもって学んでいるんだな」と思えたり、「どうして事務仕事ってこんなにやる気が起きないんだろう。だいたい何のためにやっているか、よくわからないんだよなぁ。だけど、その理由がわかったら、子どもの学びを楽しくする方法だって見つけられるかもしれない。そうだ、私はこれまでよりもしっかり子どもたちにねらいを伝えるようにしよう」という発想をもてたりすることができるでしょう。

大切なのは、どんなときでも、自分は「何のためにやるのか」を見失わないようにすることです。

自分が本当にやりたいことのために、目の前にある課題と向き合う――そんな覚悟が決まれば、目に見えないものの価値にもっと気づけるようになり、目に見えるものだけにとらわれにくくなると思います。

## 3　高いところから眺めて課題を切り分ける

そうはいっても、中にはどうにも折り合いがつかない課題もあります。先ほど、課題には自分の工夫や努力で「何とかなること」と「どうにもならないこと」の二つに分類できると述べましたが、自分の置かれた立場や蓄積してきた経験によって見え方が変わることもあります。

例えば、2～3年目の若手さんが「何とかなる」と思っていても、ミドルさんには「仕組みが変わらない限りどうにもならないことだ」と見えていることもあります。逆に、若手さんが「どうにもできない」と思っていることが、ミドルさんには「若手さんががんばれば何とかなる課題と、管理職が動かないとどうにもならない課題の二つが内在しているな」と見えていることもあります。

このように考えれば、ミドルさんが高い視座から若手さんの課題を捉え直してみることが必要だということがわかります。もしミドルさんだけで捉えにくい場合は、自分より上の役職の教員に意見を求めたり、若手さんと一緒に校長室を訪ねて思いをぶつけてみたりするのもよいでしょう。立場や経験によって見方・考え方が多彩になれば、課題解決の幅も広がります。

私は以前、先輩からこんなことを教わりました。

**「物事を考えるときには、虫の目、鳥の目、魚の目の三つの目をもつことが大事なんだ。虫の目は目の前の細部を見る目、鳥の目は視座を高くして俯瞰して見る目、魚の目は時代の流れをとらえて未来を予測する目だよ」**

視座を高くしてみて、様々な角度から課題解決の可能性を探ったなら、あとは若手さん自身が自分の意思で決めることです。教員の世界で課題解決が図れる立場を目指すのもよし、別の道を選ぶのもよし。若手さんが自分で前向きに決めた人生であれば、たとえそれが「教員を辞める」という選択だったとしても、その後の幸せな人生を願い続けたいと思います。

PART 3

# 自立し始め、隣の芝が青く見える4〜5年目の「若手さん」

# 先輩や同僚に
# イラっとしてしまうようになった…

## 若手さんの心の声

教員になって4年目だ。今日は前日出勤日。新学期に子どもたちを迎えるための準備をする日だ。

早速、困ったことが起きた。学年主任が仕事にあまり協力してくれない。「細かい仕事は私の仕事じゃない」って感じで、自分は人に指示を出すだけ。

ほかに大事な仕事があるのかもしれないけど、何の説明もないし、職員室から一歩も出ようとしない。教室整備やロッカーのシール貼りなんて、みんなでやればあっという間に終わるのに…。みんな波風立てたくないから、何も言わないけど…。

最近こういう場面に遭遇すると、ついイライラしてしまう。

それに、授業の持ち時数が少ない先生だってずるいと思う。自分は毎日ほとんど空き時間がない中で、必死に働いているのに…。そもそも授業数が多くても少なくても同じ給料だなんて納得がいかない。

でも、本当はそんなこと思いたくないのに、どうしてイライラしてしまうんだろう…何とかしたい。

### ◆言いにくいことは「提案」で伝える

「仕事に対してネガティブな人」や「ちょっと困った人」は、どの組織にもいるものです。相手がベテランであればあるほど指摘しづらく、周囲はストレスを募らせます。

こんなとき、ミドルさんにできることは、若手とベテラン（管理職を含む）のパイプ役になることです。若手の心の中にある「こんなこと言えない」という不満や疑問をうまく代弁してあげられると、みんなが幸せに働けるようになります。

それには、伝え方とタイミングを工夫することが大切です。具体的には「提案型」にし、年度当初や学期初めの会議など、全員が共通の目的を意識するときなどがおすすめです。

仕事に非協力的な学年主任に対してであれば、ミドルさんから次のように提案してみます。

**「今年は小さなことでも、決めたことはみんなでやることにしませんか？　そもそも私たちの目的は〇〇ですし…」**

こうした伝え方であれば、必要以上に相手の気分を害することなく、言いたいことを伝えることができます。これまで疑問をもっていた若手さんも「今まで言えなかったことを代わりに言ってくれてよかった」と内心ほっとすることでしょう。

**◆若手さんとベテランをマッチングさせる**

若手さんのロールモデルになりそうなベテラン教員とマッチングさせることができれば、若手さんの成長を促すだけでなく、ベテラン教員との関係づくりもできます。

例えば、次のようなイメージです。

**若手さん　「うちのクラス、給食の準備が遅くて…どうしたら早くなるんでしょう…」**
**ミドルさん　「それなら、A先生のクラスが参考になるよ！　一度見学してみたら？**
**A先生～！若手さんが給食指導で悩んでいるので、よかったらぜひ…」**

若手さんが困ったときに相談したり頼ったりできる相手は多いに越したことはありません。そのためにも、日頃からいろいろな先生方の情報を集めて、若手さんとの関係づくりをコーディネートします。そうできれば、若手さんだけでなくベテラン教員にとっても職員室の居心地がよくなり、「誰一人取り残さない職員室」の実現にさらに一歩近づくことでしょう。

## ◆真面目に頑張っている若手さんが報われる職場に

不平等感から生まれる不満は、多くの教員が感じているものです。持ち時数が多い教科の担当からすれば「持ち時数が少ない先生がうらやましい」と言いたくなる気持ちもわかります。とはいえ、学校の規模や事情によって持ち時数や担当している仕事量にばらつきが出てしまうのは仕方のないことです。

また、表面上は見えないだけで、大きな負担を抱えている教員もいるものです。同じ職場に勤める教員といっても、それぞれ事情も状況も異なるわけですから、お互いがお互いの立場や仕事内容を理解しようと歩み寄る工夫をしていくことが必要です。

加えて、不満を覚える背後には「自分の頑張りが認められていない」「もっと評価されてもいいはずだ」という承認欲求が潜んでいることもあります。そのような場合には、「頑張るのは当たり前」「仕事なんだから大変なことにも耐えて当然」といったスタンスで臨んでも逆効果です。

せっかくなら、気持ちよく仕事をしてもらうために、若手さんの気持ちに歩み寄ってみましょう。**「授業数も多くて大変なのに、いつもありがとう」「たくさんの仕事を抱えていて大変だよね。何かできることがあったら遠慮なく言ってね」**といった一言を日常的にかけるだけでも、随分と救われた気持ちになるものです。

いろいろな場面で「あなたがいつも頑張っているのは知っているよ」というメッセージを伝えつつ、管理職とも雑談ベースの情報共有を図りながら、真面目に頑張っている人が報われる職場にしていきたいものです。

### ◆自分の目的を見失わずに進む

自分が本当にやりたいことに没頭しているとき、人は周りの様子がどうなっているかなんて気にもとめません。にもかかわらず、やたらと気になってしまうのであれば、自分のしていることに意味を見いだせていない可能性があります。

もし若手さんが「真面目に頑張っている自分が損している気がする」と思ってしまっているのであれば、今一度**「何のために」**やっているのか、自分の最上位の目的を思い出せるように声をかけて寄り添ってあげましょう。

# 隣の教室から聞こえてくる楽しそうな声が気になってしまう

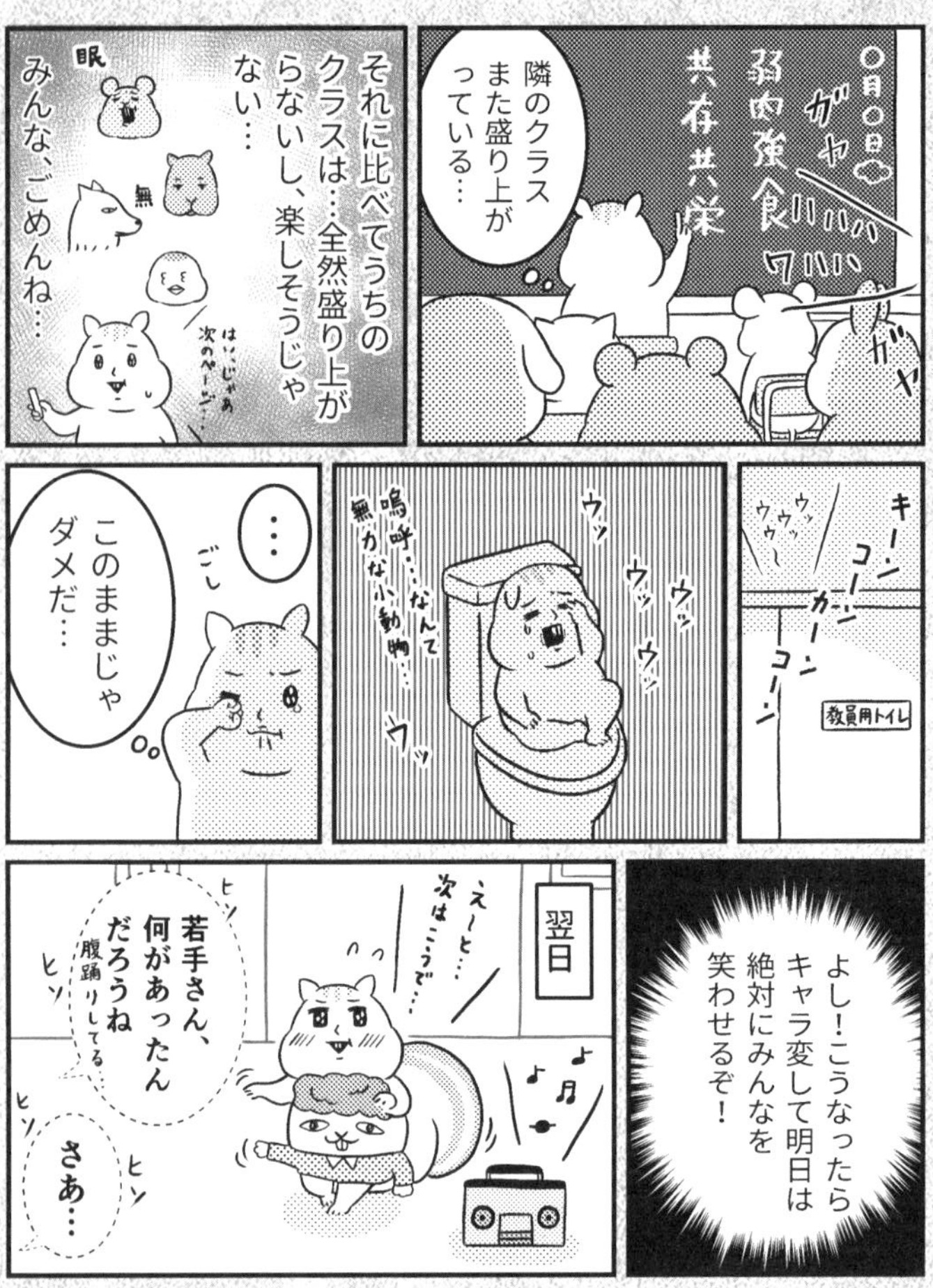

## 若手さんの心の声

「ギャハハハハ」

隣の教室は今日も盛り上がっている。笑い声が絶えない。

うちのクラスの子どもたちは「いいなぁ～また盛り上がってる！　隣のクラス、仲よくて楽しそうだよなぁ」「先生、私たちももっと楽しいことをしましょうよ～！」などと口にする。きっとうらやましいんだろうな。

授業もそうだ。いつも隣の教室の様子が気になる。

盛り上がらない授業しかできなくてごめんね…。

いつも「隣はいいなぁ」と思わせてしまってごめんね…。

みんな私のこと「ハズレ」だと思っているのかもな。

もっと子どもたちを笑顔にしたいんだけど…。

どうしたらいいか本当にわからないんだ。

## ◆隣の芝生は青く見える

教壇に立つようになってしばらく経つと、「隣の芝生は青く見える」現象が起きます。「A先生に比べて、自分の学級経営は全然ダメだなぁ」「B先生は子どもから信頼されているのに、自分は…」などと、周りと比較するたびに自信をなくしてしまう現象です。

そんなときには若手さんがもっているよさや、今すでにできていることに気づけるような言葉をかけてみてはいかがでしょうか。

**「なるほど。確かにC先生は子どもを笑わせるのが得意だね。でも、子どもたちは『先生の授業はとても深く考えさせられる』って言っていたよ。一人一人の表情をちゃんと見て、毎日悩みながら丁寧に準備しているからじゃないかな」**

このように、子どもの言葉を借りるといった声かけです。多少脚色してでも、「あなたにはこんなよさがあるよ」「Dさんがこんなことを言っていたよ」「あなたの強みがこんなにも子どもの力になっているよ」と、ポジティブなメッセージを伝えます。そうしているうちに、人と比べて落ち込んでいる若手さんも、「もう少し自分を信じてみてもいいかな」と思えるようになるでしょう。

## ◆なぜ、隣の先生が気になってしまうのか？

そもそも、なぜ若手さんは隣の教室のことが気になってしまうのでしょうか。

かつて私も同じことで悩んだ経験があるので、その理由を知っています。それはズバリ、「暇だから」です。若手さんにとっては受け入れがたいことかもしれませんが、事実です。

授業の最中、子どもたちに全力で語りかけているとき、隣の教室から聞こえてくる笑い声は耳に入ってきません。隣の声が聞こえてくるのは、大体子どもたちに作業をさせている静かな時間か、授業が一段落して落ち着いた時間帯です。

心に余裕ができて暇になるから、余計なことを考えてしまうのです。しかも、それがちょうど自信をなくしてしまっている時期だったり、教師としての自分にコンプレックスを感じている時期だったりすると、さらに周りのよい情報ばかりが耳に入ってしまうでしょう。

私も教師になったばかりの頃は、周りの先生と自分を比べては劣等感を抱いていました。あるとき、「A先生はあんなにすごい授業ができるのに、私の授業なんて…」と職員室で落ち込んでいたら、先輩に「どう頑張ったってA先生にはなれないよ。だって経験も性格も全然違うんだから」とたしなめられました。

それでも当時の私には受け止められず、A先生と同じ叱り方をしてみたり、ユーモアのある授業を目指したり、真似できそうなことは片っ端から真似してみました。しかし、どうしてもA先生のようにはなれません。

そうまでしてようやく気づきました。「A先生はA先生の性格とキャラだから成り立つのであって、私がいくら形だけを真似してもうまくいくはずがない」ということに。

人と比べてしまう若手さんに、どんな言葉をかけるのが正解なのかは、正直わかりません。でも私は、若手さんが自分で答えに辿り着くまで、こんな言葉を繰り返し伝え続けたいと思っています。

**「わかっていても人と比べて落ち込んでしまうのは、暇だから。周りが気にならなくなるくらい、目の前の子どもたちに全力を注いで自分の目標に向かって没頭してみよう！　そのうち、あなたにしかない強みが見つかり、あなたにしかないものが磨かれていくよ！」**

**◆100人100通りの教員がいるからこそ、学校は素晴らしい**

教員はどこか固定観念にとらわれている部分があるような気がします。

**「子どもたちが元気に盛り上がっているほどいいクラスだ」**

**「授業中、一度は笑いを取らないといけない」**

**「先生は明るくユーモアがなければならない」**

もしかするとこんな固定観念やイメージに縛られて、若手さんたちが本来の目的を意識しづらくなっているのかもしれません。私は、子どもたちの多様性が尊重される時代だからこそ、教員たちにも、もっと個性や多様性が認められてよいのではないかと思います。

もちろん、人と比べることで自分を客観的に見て反省することは大切ですし、周りの様子を観察できるようになったということは、成長の証しでもあります。しかし、比較ばかりしていると自分に自信をなくしてしまい、どんどん表情が曇っていきます。

だからこそ、人と比べて自信をなくした若手さんには、**「いい子どもが100通りいれば、いい先生も100通りいるんだよ」「今のままでも十分ちゃんとやれていると思うけど、どうしたいの?」「これからもっとあなたらしく楽しくやっていける方法を一緒に探していこうよ」**などと声をかけて寄り添っていきたいと思います。

# ついに、みんなをまとめる「チーフ」を任された！

## 若手さんの心の声

ついに学年行事のチーフになった。大きな仕事を任せてもらえるのはうれしい。

でもちょっと不安…。

学年主任は「まだチーフやったことないでしょ？　いい経験になるし、やってみたら？　みんなで支えるから何とかなるよ」と言ってたけど、自分に務まるかなぁ。

他の先生がやってるのは見たことがあるけど、遅くまで残業していてすごく大変そうだった。もともと人前に立ったり、人をまとめたりするのは得意じゃない。

責任が重いなぁ…。

うまくやれなかったら不満を言う先生もいるだろうし、そもそも私なんかがチーフになったら、「何であの人が」って思われないかな…。

でも、教員になってもう4年目。周りの若手はもっと早くにチーフを経験しているし、私もそろそろ責任の重い仕事もできるようにならないといけない年齢だとは思う。

やってみたい気持ちはあるんだよなぁ。

私にもがんばれるかな…？

## ◆魔法の問いかけ「どうしたい？」

4年目の若手さんに対して、まず投げかけたい問いはこれです。

**「今回この仕事を担当するにあたって、あなたはどうしたいと思ってる？」**

やってみたいと思うことや思い描いている理想、もしくは「こうしたくない」という願望について、思いつく限り挙げてもらいます。

私がこれまでに若手さんと関わってきた感覚では、問いかけに対して、すぐに自分の考えを言える若手さんはほとんどいません。たいてい「そうですね…まだ考えがまとまらないので、ちょっと考えてみてもいいですか？」と言って、後日考えたことを伝えに来てくれます。

この問いかけの目的は、すぐに答えを出してもらうことではありません。問われたことをきっかけにして、自分に任された仕事と向き合い、自分の理想や願望についてじっくりと考えてもらうことが目的です。

「責任が重いなぁ」「失敗したらどうしよう」と考えてしまうのは、部屋に入りたい気持ちはあるのに、ドアの手前で立ちすくんでしまっているようなものです。この段階はまだ、仕事の課題や目的を自分事として捉えられていない証拠だと私は受けとめています。

自分のやりたいことや目的、やるべきことがはっきりと見えてくれば、不思議とブレずに前へ進めるようになります。まずは、若手さんの思いを引き出すことで、入り口まで一緒につき添ってあげることから始めるとよいでしょう。

## ◆最上位の目的を明確にしてゴールイメージをつくる

若手さんの思いを引き出せたら、行事を担当するにあたっての最上位の目的を明らかにします。

ここでもＰＡＲＴⅠで紹介した「誰になんと言ってほしいか」を意識します。例えば「子どもたち全員に『この行事に参加してよかった』と言ってほしい」「先生方に『子どもたち全員が生き生きとしていたね』と言ってほしい」などの目的です。

目的が明確になったら、それを他の先生方や子どもたちと共有するための手段を考えます。その際、話をスムーズに進めるために、学年主任や他の教員たちに対して「そういえば若手さん、こんなことがやりたいって言っていましたよ」「失敗を恐れていたので、先生からも背中を押していただけますか」というように、こっそり根回しをしておくとよいでしょう。

## ◆3秒の積み重ねが3年後の自分をつくる

私は教員になったばかりの頃、「仕事は少しだけ背伸びをしてみたほうが、成長が速くなるよ」と先輩から教わりました。仕事は「できるかどうかちょっと不安だな」と思いながらも、いざやってみると「周りに助けられながら、意外とできちゃったな」「もしかして、少し成長できたのかな」と思うことの連続です。人は少しの背伸びを繰り返すことを通して成長していきます。

先日、母校に遊びに行ったら、こんな言葉が壁に貼ってあるのを目にしました。

**「3秒の積み重ねが3年後の自分をつくる」**

私たち教員の成長も、まさにこの言葉のとおりだと感じます。ちょっとした背伸びや努力が積み重なって未来の自分がつくられていく、そんな感覚を、戸惑いがちな若手さんたちにも実感してもらいたいと思います。

## ◆「チーフ」を支えるために

行事に限らないことですが、初めてチーフを任されたときは、全体の見通しをもてません。そのため、ある程度、仕事の全体像やスケジュール感がつかめているミドルさんが「あれやった？」「これやった？」とこまめに確認してあげるとよいでしょう。

もし、こまめに声かけする余裕がない場合には、やるべき仕事を見える化しておきます。例えば、ＰＣのデスクトップ上やホワイトボード上にＴｏ Ｄｏリストを貼るなどして仕事の進捗状況を共有し、若手さんが今どのタスクでつまずいていて、どこまで進めることができているのか、周囲と共有できるような仕組みをつくっておきます。

また、私も日々反省するところですが、「チーフ」という役割や役職だけで仕事を見るようになると、つい「仕事をしてもらって当たり前」という感覚になってしまいがちです。「チーフだからこの仕事はやって当然だよね」ではなく、チーフの仕事一つ一つに「私たちの代わりに労力を割いてくれてありがとう」という気持ちで、感謝の言葉を若手さんに直接伝えていきたいものです。

# 仕事を誰かに振るって、どうやればいいの？

## 若手さんの心の声

今日もまた残業。後輩たちはすでに退勤した。

自分の要領が悪いだけだけど、仕事が終わらない…。

どうしていつも自分一人で抱え込んでしまうんだろう。

もっと後輩に仕事を振ったほうがいいっていうのはわかるんだけど、なんとなく頼みづらくて、遠慮してしまう。

気を遣って人に仕事を頼むくらいなら「自分でやったほうが速いし楽」だなんて思ってしまう…。

そんなだから、抱えきれなくなって自分が苦しくなっちゃうんだよなぁ…。

どうしたらもっとうまく仕事を分担できるようになるんだろう。

もう少し先輩らしく仕事を振れるようになりたいなぁ。

### ◆仕事を振れない理由4パターン

周りに仕事を振れない理由には、次の4つのパターンが挙げられます。

### ①「抱え込み」パターン……チームでやる発想に転換を

若手さんが仕事を任されたときに陥ってしまいがちなのが「仕事を人に頼みづらく、一人で抱え込んでしまう」パターンです。

若手さんが頑張りさえすれば何とかなる場合もあるのですが、できればよいというものでもありません。仕事の抱え込みは、後輩が成長する機会を奪ってしまうからです。

それに、抱え込みが常態化すれば、疲労はたまる一方で、いずれ破綻します。そのため、若手さんには「仕事にはチームワークが大切である」という基本を理解してもらう必要があります。

また、中には「仕事を振らずに自分一人でやり遂げることによって、自分の評価を上げたい」と考える若手さんもいます。この場合は、「個人の勝手なプレーは評価されない」ことを正しく理解してもらう必要があるでしょう。

私自身も初めて宿泊行事のチーフを務めたとき、よかれと思って周囲にほとんど仕事を振らず、一人で抱え込んで進めてしまったことがあります。行事後のアンケートでは、「もっと人に仕事を振ったほうがいいと思います。次回チーフをするときにはもっと分担できるようになるといいですね」というフィードバックを先輩教員からもらったのですが、指摘されるまで自分がしていたのはスタンドプレーだったことに全く気づいていませんでした。

目の前のことに必死になっているときほど、周りが見えなくなってしまい、自分の間違いになかなか気づけないものです。こうしたことから、若手さんが誰にも仕事を振ろうとしていなければ、「仕事の抱え込みは、チームにとってメリットがなくなってしまうんだよ」と客観的に伝えてあげることが必要です。

### ②「後輩不信」パターン……後輩育成の自覚をもたせる

教員になって4～5年目にもなると、かつては自分が仕事を振られる側だった若手さんも、仕事をうまく後輩に振った上で、後輩の面倒を見ていくスキルが求められるようになります。それでも仕事を振りたがらない若手さんには「あなたが自分一人でうまく仕事を処理できることはわかっているけど、チーフは人を信頼して仕事を振るのが役割なんだよ」と繰り返し伝えていきたいものです。

「後輩に仕事を振るのも仕事のうち」「周りを信頼して仕事を振れるようになってこそ一人

前」という認識で、若手さんに後輩育成への意識を高めてもらいましょう。

③「遠慮がち」パターン……積極的に御用聞きをする

周りに気を遣う若手さんほど、相手の顔色や反応が気になってしまい、自分から仕事のお願いを切り出せません。相手がベテラン教員や少し気の強い教員であればなおさらです。

そんなときは、ミドルさんが助け舟を出してあげたり、自分から積極的に「私は何をしたらいいかな？」「私にも何か仕事をもらえるかな？」と御用聞きを申し出たりするなどして、若手さんが仕事を振りやすい雰囲気をつくることが大切です。そうしているうちに仕事を振ることにも少しずつ慣れ、「担当として仕事を振るのは自然なことなんだ」という感覚が身についてくるでしょう。

④「タスク管理ニガテ」パターン……仕事を振る準備を手伝う

これは単純に「タスクを管理して、切り分けるのがニガテ」というパターンです。この場合は、やるべき仕事の全体像を把握し、それを誰にどう分担していくのか、タスクを細かく切り分けられれば解決します。

そこで、まず仕事の内容をヒアリングした上で「今回は全部でこれだけの数の仕事があるから、この仕事はA先生に、こっちの仕事はB先生に割り振ってみたらどうかな？」などと、具体的に仕事を割り振る計画を立てるよう提案します。

その際、誰にどの仕事を任せるかについては、必ず意図をもって行うようアドバイスします。例えば、「C先生は校外の人との交渉が得意だからこの仕事を」「D先生はほかにも重めの仕事を抱えているからこの仕事を」という具合に伝えることによって、「なぜこの仕事は〇〇先生なのか」を具体的にイメージできるようにするとよいでしょう。

# ひととおりできるけど、これでいいのか不安…

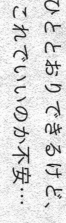

## 若手さんの心の声

ようやく先輩に頼らなくても仕事は回せるようになった。だいたい一通りの仕事は自分でできるようになってきたと思う。

3年目まではしんどかったなぁ…。「石の上にも三年」とは、よく言ったものだ。

ここまでの道のりを振り返ると、しみじみとした気持ちになる。

先日は文化発表会のチーフをさせてもらった。当日は子どもたちもよく頑張っていたし、すごく盛り上がっていてよかった。

でも、一つ気になっていることがある。

「周りの先生方がどう感じているか」だ。

独りよがりの自己満足になってしまっていなかったかな…。

どこか改善できることがあったら次回に向けてブラッシュアップしたいな…。

自分の仕事の質って、自分ではよくわからない。

本当に大丈夫だったのかなぁ。

もっと成長するためにも、自分の課題が知りたい。

### ◆若手さんが一人前になり始めた証拠

先輩から「あれやった？」「これやった？」と確認してもらう段階を卒業すると、今度は自分の仕事の質が気になり始めます。ミドルさんとしては「特に言うことがないくらい十分にできている」からこそ、何も言わないだけなのですが、若手さんとしては「何も言われない」ことに対して不安を感じることがあるようです。この段階になると私は、「いよいよ一人前になり始めた証拠だな」と感じて、うれしい気持ちになります。

このような悩みや不安を覚えるのは、周りを見渡す余裕ができて視野が広がり、他者の立場に立って自分の仕事を振り返ろうとしているからです。そこで、若手さんに対しては「あなたのおかげですごくいい行事になったよ。ありがとう。特に子どもたちのやりたいことをバックアップしてあげたところがよかったね」などとポジティブにフィードバックします。その上で「あなたとしては、何か気になっていることや、もっとできそうだと感じていることはある？」と心境を聞きながら、今後について一緒に振り返りをしていくとよいでしょう。

### ◆目標設定ができていれば、振り返りもできる

仕事の質が不安になった際に、まず振り返りたいのは、「目標設定がどうだったのか」ということです。

子どもに向けた授業を思い浮かべてみましょう。授業をする際にねらいが適切でないと、子どもを評価する（振り返りをする）観点が定まりません。これと同じで、若手さんが仕事の目標設定をする際には、「自分の仕事がどれくらいできていたのか」「質がどの程度だったのか」について振り返れるように、適切な目標設定をしておくことが不可欠です。若手さんが「仕事の成果を感じられない」と言うのであれば、もしかすると目標設定が甘かった可能性もあります。今後、より質の高い仕事ができるようになるためにも、目標の立て方についての見直しは大切です。

### ◆「KPT」で振り返る

KPT（ケプト／ケーピーティー）は、民間企業で使われている振り返りのための手法です。もともと、システム開発の現場で用いられていた手法で、三つの視点から振り返ることによって、仕事の改善を加速させるためのフレームワークです。

Ｋｅｅｐ……………成果が出ていて継続すること（よかった点）
Ｐｒｏｂｌｅｍ……解決するべき課題（悪かった点）
Ｔｒｙ………………次に取り組むこと（改善策）

これに基づいて、例えば文化発表会について振り返ってみると、次のようになります。

Ｋｅｅｐ……………今年から意見発表でスライドを取り入れた点がよかった。
Ｐｒｏｂｌｅｍ……展示会場で作品の破損があった。
Ｔｒｙ………………展示見学のルールを実行委員会で検討し直す。

これはほんの一例ですが、このようにＫＰＴを活用すると「Ｋｅｅｐ（成果が出ていて継続すること）」はそのまま引き継がれ、次に取り組むべき改善策「Ｔｒｙ」が明確になるため、仕事の質がアップデートされます。このようにポジティブなサイクルが生まれることが、ＫＰＴで振り返る大きなメリットです。

ＫＰＴを行う際には、付箋とホワイトボードなどを用いながら対面で意見を出し合うのが効果的です。

下のようなフレームを準備して付箋を貼っていきます。コツは、ブレインストーミングをするようなイメージで、思いついたものは全て自由に付箋に書いて貼り、選別はしないことです。ＫＰＴの目的は「課題を共有し、改善すべきことを明確にすること」です。そのため、どの意見も否定せず、前向きに検討していきます。

紙の付箋を使わずとも、グーグルのジャムボード（Jamboard）などのＩＣＴツールを活用するのもアリです。

| Keep<br>・このまま継続すること | Try<br>・次に取り組むこと |
|---|---|
| Problem<br>・解決するべき課題 | |

ＫＰＴは一人でも使える手法ですので、アンケートの書式をＫＰＴに変えてみたり、ちょっとした隙間時間を利用して振り返りをしてみたりするのもよいでしょう。

# 管理職に認めてもらえていない気がする

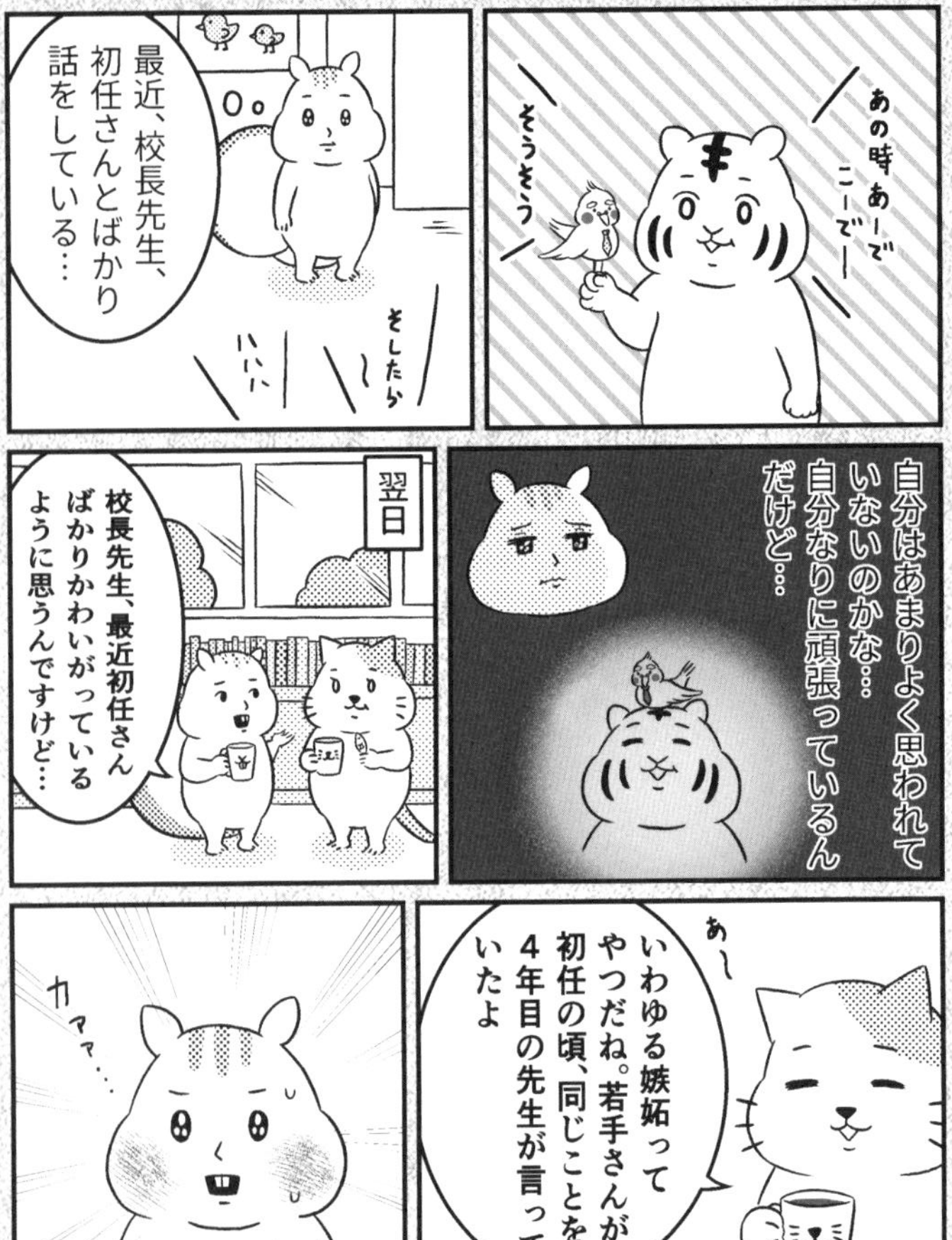

## 若手さんの心の声

なんとなくまだ管理職に認めてもらえていない気がする。

他の先生はよく校長室に出入りしていろいろなことを教わっている姿を見かけるけど、私はまだ勇気がなくて、一人で校長室を訪ねたことがない。

他の先生みたいに、気の利いたことは言えないし、性格もネガティブだしなぁ…。

それに、管理職は私よりも後輩を頼りにしているようにも思う。

この前も、私じゃなくてわざわざ後輩に仕事を頼んでいた。私だって、チャンスをもらえたら、がんばりたいのに…。

どうして自分より後輩のほうがかわいがられているんだろう。

私だって頑張っているつもりなんだけどな…。

### ◆管理職に期待しすぎない

管理職への不満や失望感が生まれる背景には、管理職への過度な期待が隠れています。例えば「今度の校長先生は教員の働き方を変えてくれる人がいいなぁ」「校長先生だからきっと○○してくれるはずだ」などといった期待です。そうした自分の期待に応えてくれるような管理職であればよいのですが、自分と相性のよい管理職ばかりではありません。

今後どんな管理職のもとで働くことになっても、よい距離感を保ち続けるために、私は若手さんには「管理職には期待しすぎないほうがいい」と早い段階で伝えています。「きっと○○してくれるだろう」と相手に期待しすぎてしまうと、思いどおりにならなかったときに、必ず不満が生まれます。さらには、「自分で何とかしなければ」という当事者意識が薄れ、責任を相手に押しつけてしまいがちになってしまうのです。

冒頭の若手さんの話に戻りましょう。

若手さんは「校長に認められたい」という願望をもっていますが、それが叶わないばかりに「どうして後輩ばっかり…」と不満を募らせ、謙虚に自分を振り返る姿勢をもてなくなっています。

しかし、校長に自分の努力を伝えたいのであれば、自分から校長室を訪ねればよいことですし、自分の仕事ぶりに対するフィードバックをお願いするという方法もあります。それなのに、「認めてくれない校長が悪い」という気持ちと、「どうせ何をやってもダメなんだ」という諦めの気持ちで身動きが取れなくなってしまっています。これでは苦しいばかりで、誰も幸せにはなりません。

この若手さんにまず必要なのは、人のせいにせず「自分で変えていくんだ」「今の自分にできることは何だろう」という当事者意識を取り戻すことです。

もちろん、相手に期待すること自体は悪いことではありません。しかし、「期待しすぎ」は禁物です。期待は「人任せ」の表れでもあります。期待するから失望するのです。だからこそ私は、若手さんに早いうちから「期待しすぎは失望のもと」「期待するより、まずは自分にできることを探そう」と伝えていきたいと思っています。

### ◆校長の思いを代弁する

ミドルさんは、管理職層と若手層とのパイプ役となることが求められる立場です。まずは校長がどんな思いをもっていて、どんなことをしたいと考えている人なのかを知り、必要に応じて若手さんにその思いを代弁してあげるとよいでしょう。

私は、新しい校長が着任したら「校長先生はどんな学校をつくりたいと思っていらっしゃるんですか」「子どもたちにどう育ってほしいと考えていらっしゃいますか」と、ビジョンや教育観を直接質問しに行くようにしています。校長の思いを知っておくことで、何かトラブルがあったとしても「校長はこういうビジョンをもっているから、今回のトラブルは校長に悪気があったわけではなく、たまたまタイミングが悪かっただけだな。若手さんにもそう伝えておこう」というように、適切な判断と行動ができるようになります。

管理職とのすれ違いや誤解の多くは、距離が遠いことに原因があります。若手さんと校長は、年齢だけを見ればおじいちゃんと孫くらい離れていることもあります。それに立場の違いなども加わってくるため、若手さんが校長に近寄りがたいのは当然です。まずはミドルさんが校長の思いを知り、パイプ役になれるように努めましょう。

## ◆管理職も十人十色

管理職にもいろいろな人がいます。心から尊敬できる校長もいれば、そうでない校長も残念ながらいることでしょう。とても信じ難い話ですが、世の中にはパワハラ気質の管理職もいまだにいると聞きます。初任者や若手教員は、どんな管理職が「いい管理職」で、どんな管理職が「不適切な管理職」なのか、判断基準をまだもち合わせていません。ミドルさんは、若手さんが間違った知識をもつ前に正しい感覚を身につけられるよう働きかけたいものです。

若手さんにとっての「いい管理職」とは、その先にいる子どもたちの姿を意識しながら、「若手教員が働きやすく成長できる環境をつくれる管理職かどうか」の一点に尽きます。そんな管理職であれば、ミドルさんが声をかけて一緒に校長室に伺うなどして、積極的にコミュニケーションを図れるようにするとよいでしょう。

もし、どうしても「いい管理職」だと思えない場合には、反面教師として若手さんの成長の糧となる部分を探しつつ、課題解決のために自分たちにできることはないか、コミュニケーションのとり方の工夫などを探っていくのも、学びの一つとなることでしょう。

# 後輩のほうが仕事ができる

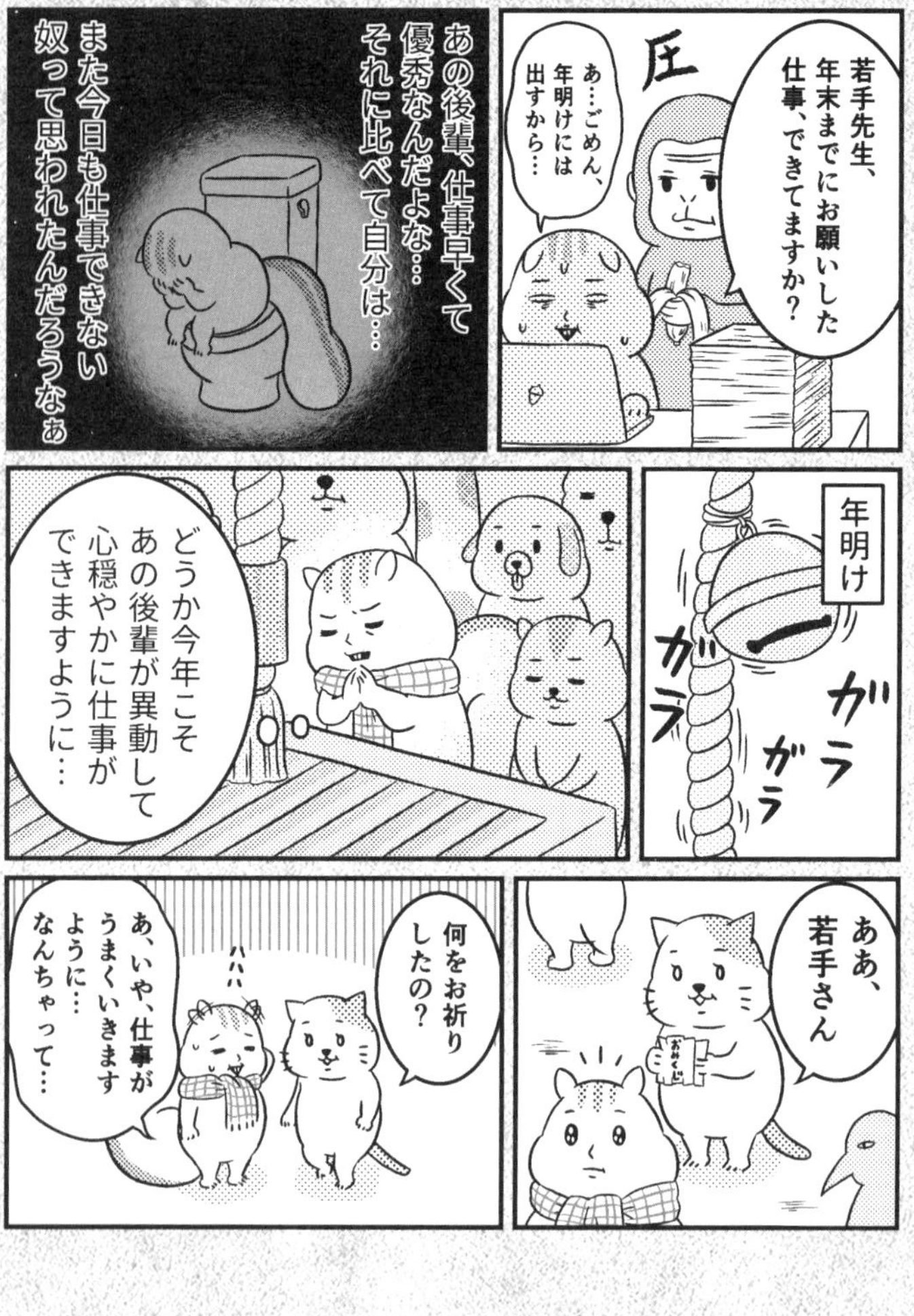

## 若手さんの心の声

後輩のA先生は、とにかく仕事が早い。優秀な後輩だ。

「先生〜、もうこの資料できていますか？　まだ締め切り前なんですけど、もしできていたら早めに進めたいなと思って…」

仕事が遅い私は、いつもA先生から急かされる。

A先生は強引だ。自分のペースで仕事を進めたがる。気持ちはわかるけど、こっちにだって都合がある。

悪い人ではないんだけど、A先生がいると仕事がやりづらいし、職員室の居心地も悪い。

だから正直、ちょっとニガテ…。

A先生、早く異動してくれないかなぁ。

こんなふうに思ってしまう私、心が狭いのかなぁ。

きっと自分が悪いんだ…でも、どうしたらいいんだろう。

### ◆「気にしなくていい」のはわかっているのだけど…

このケースについては、A先生のことは「気にしなくていい」と言いたいところです。A先生が自分のペースで仕事を進めたいがために相手に無理を強いているだけなので、若手さんとしては「締め切りってまだですよね。○日までに提出する予定で進めています」と、きっぱり言えばいいことです。しかし、中には「自分はA先生より劣っている」「A先生に仕事が遅いことを責められている気がする」と悩んでしまう若手さんもいるものです。

一般的に、仕事を辞めたくなる原因の多くは「人間関係」によるものだと言われています。一つ一つは小さなほころびやわだかまりかもしれませんが、ちりも積もれば職場に行くことすら憂鬱になってしまうこともあります。

### ◆HRTの原則

「HRT（ハート）の原則」という言葉を聞いたことがあるでしょうか。これは２０１３年に刊行された『Team Geek—Google のギークたちはいかにしてチームを作るのか』(Brian W. Fitzpatrick, Ben Collins-Sussman 著、角征典訳）という本の中で紹介されたもので、Google のエンジニアたちが、成果を出せる最高のチームをつくるために大切な三つの要素を表したものです。

**謙虚（Humility）**…世界の中心は君ではない。君は全知全能ではないし、絶対に正しいわけでもない。常に自分を改善していこう。

**尊敬（Respect）**……一緒に働く人のことを心から思いやろう。相手を一人の人間として扱い、その能力や功績を高く評価しよう。

**信頼（Trust）**…………自分以外の人は有能であり、正しいことをすると信じよう。そうすれば、仕事を任せることができる。

苦い思い出ですが、私は以前、先輩からこんなことを言われた経験があります。

**「誰かと一緒に仕事をするときには、相手がどんな人であっても、どこかに『リスペクト』する気持ちをもっていないと、うまくいかないよ」**

こう言われた頃の私は、おそらく仕事にも慣れてきて調子に乗ってしまっていたのでしょう。周囲とトラブルになる前に苦言を呈してくださった先輩にはとても感謝しています。

「HRTの原則」の三つの要素である「謙虚」「尊敬」「信頼」は、初任者の頃こそ自然ともっているものですが、経験年数を重ねると、ついどこかに置き忘れてしまうようです。仕事に慣れてきたときこそ、意識して心にとめておきたいものです。

## ◆「気持ちよく」仕事ができるように

「ＨＲＴの原則」をもとにＡ先生の仕事のやり方を捉え直してみると、いくつかの改善点が見えてきます。仕事の処理能力が高いことは事実なのでしょうが「周りの人と気持ちよく仕事をする」ことについては、考え方を変えてもらう必要がありそうです。

例えば、締切日の設定の仕方を見直してみたり、「少し伝え方を変えてみようか」という提案をしたりして、周囲の顔ぶれを思い浮かべながら、気持ちよく仕事をするにはどんなことが大切なのかについて一緒に考えていきます。

その際、Ａ先生にアドバイスしたことは若手さんとも共有します。若手さんとしても「自分の味方になってくれる人がいる」「ちゃんと対応してくれて、ありがたい」という安心感のもとで穏やかに仕事ができるようになるでしょう。あくまでもミドルさんは中立的な立場で、全員が幸せになる方法を探っていきましょう。

### ◆離せるのであれば病む前に離す

人間関係によるトラブルの早期解決を図るには、ミドルさんが「一人で抱え込まない」ことが必要です。例えば、私が後輩から相談を受けたら、「B先生にはこのことを共有しておいたほうがいいと思うんだけど、話してもいい？」と本人に確認を取った上で、なるべく他の教員や管理職と情報を共有するように心がけます。

職場仲間であっても、相性の悪い人は必ずいます。お互いどうにも歩み寄れないなら、最終手段として「病む前に離す」ことも必要です。そこまでいくと、もはやミドルさん一人で解決できる範囲を超えていますので、管理職にも間に入ってもらう必要があるでしょう。場合によっては人事の配置も含め、検討が必要かもしれません。ここでもチームで対応することが大切です。

# 子どもたちから自分が どう思われているか今も不安だ

## 若手さんの心の声

初任の頃は立っているだけで子どもたちのほうから話しかけて来てくれていたのに、最近は用がない限り、何人かしか寄って来なくなった。

なんとなくだけど、子どもたちから気を遣われているというか、少し距離を置かれているような気さえしてくる。

面と向かって不満を言ってくる子はいないけど、内心どう思われているかはわからない。

もしかしたら、ＳＮＳとかで陰口を言われているのかな…。

想像したら不安になってきた。

そういえば、去年はよく世間話をしていたあの子も、今年になってからは少し反抗的な顔をするときがある。

私、何か子どもたちの気に触るようなことをしたのかなぁ。

気にしすぎかな…。

でも気になっちゃうんだよなぁ。

もっと子どもたちと、いい関係になりたいなぁ。

## ◆ふとした瞬間に襲ってくる不安

**「子どもたちのことがわからない」「子どもたちから自分がどう思われているか不安」**

まだ経験の浅い若手さんにとってこれらの不安は、ふとした瞬間に突然襲ってきます。先輩教員に言わせれば、「そんなこと気にしたって仕方がないでしょ。わからないなんて言っていないで、わかるように努力をするしかないよ」「自分がどう思われているかより、子どもたちに何をしたいか、最上位の目的のほうが大切でしょ」なんて言いたくなるところでしょう。

しかし、そうした言葉が若手さんにとっては、先輩から冷たく突き放されたように感じたり、仕事を辞めたくなるきっかけになってしまったりすることもあるようです。

「ピンチはチャンス」という言葉があります。悩んだり不安に感じたりする力があるということは、伸びしろがあるということです。若手さんにとって、訪れた成長のチャンスを生かせるかどうか、ここが運命の分かれ道となります。

ミドルさんや周りの教員が「くだらないことで悩んでいるなぁ」と捉えて流すか、「悩んでいるみたいだから成長のチャンスだな」と捉えて、何かきっかけを与えるかどうかで、若手さんの今後の教員人生が変わっていくのです。

**①子どもとの距離を感じているパターン**
**②実際に大きな原因が隠れているパターン**
**③性格的に漠然と不安を抱えやすいパターン**

では、それぞれのパターンに対して、どのように寄り添っていけばいいのでしょうか。

## ①子どもとの距離を感じているパターン

### ○見ようとしなければ見えなくなる

教員生活も4~5年目となり、仕事に慣れてくると力の抜き方がわかるようになってきます。「この時間は職員室で仕事をしていても大丈夫だな」とか「ここは副担任の先生に任せて教室に行くのはやめておこう」など、がむしゃらに子どもと同じ時間を過ごしていた初任時代と比べると、子どもと過ごす時間が減ってしまう若手さんも出てきます。

うまく時間をやりくりしたり、チームで役割分担したりすることは大切なことなので、必ずしもそれが悪いことだとは思いません。しかし、肝心の子どもとのコミュニケーションや子ども理解がおろそかになってしまうようでは本末転倒です。

ミドルリーダーのみなさんはご存じだとは思いますが、いくら同じ空間で同じ時間を過ごしていても、子どもを「見ようとする」姿勢をもっていなければ、何も見えていないのと同じです。

そこで、悩んでいる若手さんには**「自分は子どもを見ようとしているか」「自分から心の距離をつくってしまっていないか」**について、今一度振り返ってみるよう促します。

○子どもとの距離を感じたときの考え方

若手さんでなくとも、子どもとの関係に悩むことは多々あります。私自身もいまだにそうです。逆に、子どもとの関係に疑問をもたなくなってしまうのも、それはそれで考えものです。

これまでうまくいっていたはずなのに、いつの間にか違和感を覚えたり、子どもたちとの距離ができたように感じ始めたりしたときには、次のように考えるといいと先輩に教わりました。

**「私たち教員はつい、その子に対して『何か気に触るようなことをしてしまったのだろうか』と考えがちなんだ。でも大切なのは、そう考えるのではなく、『自分はあの子に対して、何**

**もしてこなかったから、こうなってしまったんだな』と考えると、次にやるべきことが見えてくるよ」**

この言葉を聞いたとき、教員になったばかりの私は、目から鱗が落ちました。

中には、明らかな原因があって関係が悪くなってしまう場合もあるでしょう。しかし、何も心当たりがないのであれば、その子に対して自分がこれからやるべきことに意識を向けたほうが生産的です。

人間関係は、何の努力をしなくても自然と築かれる場合もあれば、努力が必要な場合もあります。年齢も考え方も違う子どもとの関係であれば、後者である場合がほとんどでしょう。

子どもたちの姿は、教師自身の写し鏡でもあります。したがって、このパターンで大切なことは「自分のアクションが足りていないから、子どもたちに対して心の距離を感じてしまっている」ことに気づけるようにすることです。

**②実際に大きな原因が隠れているパターン**

〇火のないところに煙は立たない

このケースのように「なんとなく」感じる不安に対して周囲は、「考えすぎだよ」「少し疲れているだけだよ」と流してしまいがちです。しかし、若手さんとしては勘が働いて「不安」を感じています。つまり、何かしらの予兆を察知している可能性もあるということです。この点を重視し、周りの先生たちも、より若く、より子どもに近い若手さんの感性に目を向けて、若手さんがそう思うに至った経緯に耳を傾けることが大切です。

アメリカのとある研究によると「心配性で不安感の強い人ほどＩＱが高い」そうです。火のないところに煙は立ちません。不安に感じた最初のきっかけは些細なものだったとしても、よく調べてみると大きな問題が潜んでいることもあります。

そのように考えれば、若手さんの立場に立って、若手さんのもっている危機感や違和感を共有することで、子どもたちへのよりよい関わり方を考えるきっかけにすることもできます。したがって、このパターンで必要なことは、安易に「スルーしない」ということです。

③性格的に漠然と不安を抱えやすいパターン

○抱え込みすぎないルーチンを身につける

周りに細やかに気を配り、物事を深く考える力のある若手さんほど、人より多くの悩みや不安を抱えます。そのこと自体は決して悪いことではなく、特異な才能である場合もあるくらいです。

ただ、不安ばかりを抱えてしまう繊細さは、若手さんがよりよい教員生活を送る上での障壁ともなりかねません。実際、若手さん自身も「今のままではやっていけないから、もう少し楽に生きる方法を知りたい」「気にしすぎる性格を何とか直したい」と思っていたりするものです。

そのため、早い段階で**「悩んだときはとにかく動く」「不安は動いてかき消す」**といったルーチンを身につけられるようにサポートしたいものです。

### ○行動あるのみ

結局、子どもや保護者との関係づくりに「正解」など存在しないので、自分にできることを積み重ねていくしかありません。「自分がどう思われているか」なんてことも、考えたってわかることではないのです。子ども一人一人と向き合いながら、ああでもない、こうでもないと考えて、失敗しながら、成功体験を積んでいく営みこそが、教員にとって大切なことです。

他の項でも述べたように、若手さんが漠然と悩んだり不安に思ったりしてしまうのは、「暇だから」ということも少なくありません。人間、何をすればいいか分からずに、時間や体力をもて余してしまっているときほど、余計なことを考えてしまうものです。

繰り返しになりますが、この若手さんにとって必要なのは、とにかく最上位の目的を思い出して「行動する」ことです。そもそも自分は今「何をするためにここにいるのか」「そのために次に何をするべきなのか」を見いだして行動に移せれば、不安を覚える隙間は小さくなっていくはずです。

次のような言葉があります。

**港に停泊している船は安全だが、そのために船が造られたのではない。**

**——ジョン・G・シェッド（アメリカの実業家）**

不安を感じやすい若手さんにとって、大海に出ることほど恐いことはありません。しかし、教師である限り、出港しなければなりません。

若手さんが自分の力で前向きに行動していけるように支えることが、ミドルさんの役割です。

ミドルさんもまた、若手さんの個性に応じたサポートの方法を、ああでもない、こうでもないと試行錯誤しながら、若手さんと共に模索してほしいと思います。

# おばあちゃんが危篤だって知らせがきた

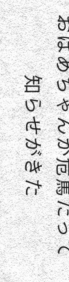

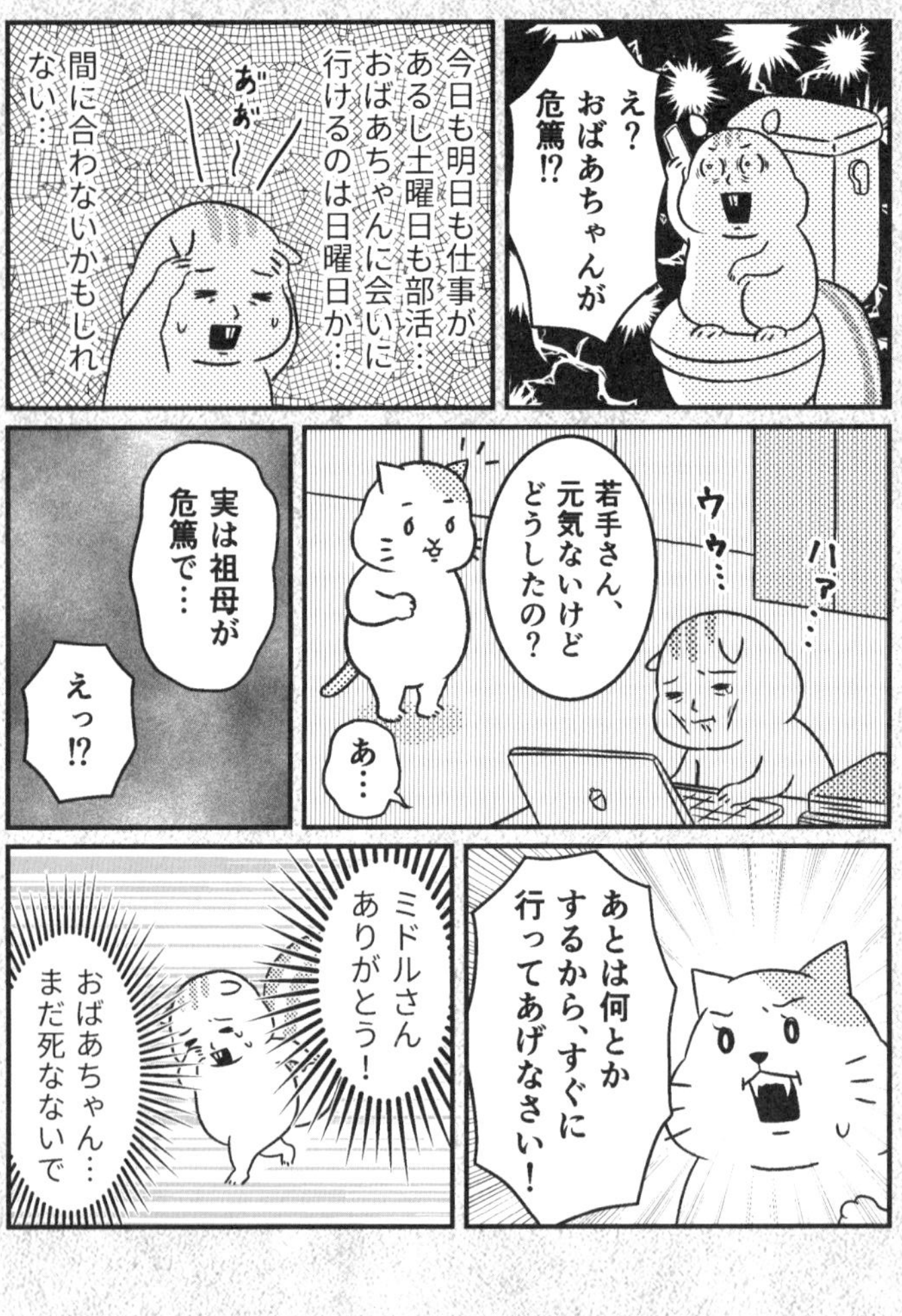

## 若手さんの心の声

実家から連絡が入っていた。

以前から闘病していた祖母が危篤らしい…。

だけど、今日は午後から職員会議で提案をする予定…。

頭がパニックになって何も考えられない。

大好きなおばあちゃんが余命宣告されたのは、半年前のことだった。それからというもの、常におばあちゃんのことが心配で心配で、仕事をしていても落ち着かず、集中できなかった。

家族は「あなたは何も心配しなくていいから、仕事を頑張りなさい」と言ってくれていたけど、できることなら少しでも長く、残された祖母との時間を過ごしたかった。

でも、忙しくて思うように時間もつくれなかったし、何もしてあげられなくて後悔ばかりが残っている。

こんなとき、いったいどうすればいいんだろう。

### ◆人の温もりに救われることもある

一見何の悩みもなさそうに見える人でも、実は人知れず家族の病気や介護と直面していたり、死別の悲しみを抱えていたりするものです。私生活の悩みは職場で共有するものではありませんから、必要以上に踏み込まないほうがいい場合がほとんどです。

ただ、そうは言っても、ミドルさんと若手さんとの関係も、最後は「人と人」です。一人で悩んでいるときに、職場の先輩からかけてもらった一言に救われた…ということもあります。

私自身も、家族を亡くして人生の困難にぶつかったとき、「とてもじゃないけど仕事が手につかない」という時期がありました。仕事を頑張りたくても、悲しくて集中できないのです。そんなときに「よかったらお茶でも飲もう」と話を聞いてくれ、一緒に涙を流してくれたり、ご飯に連れて行ってくれたりする先輩がいたおかげで、私は「この人たちとなら頑張れそうだな」「もう少し頑張ってみようかな」と前向きになれたものです。

### ◆プライベートあってこその仕事

プライベートで悩みを抱えていたら、仕事にも少なからず支障が出ます。どれだけ平静を装っていても、子どもたちは敏感ですので、「なんか先生、今日ちょっと元気ないな…」と気づかれてしまうこともあります。長い教員人生です。どうしても笑顔になれない時期があるのは自然なことです。

だからこそ、私は若手さんに対して**「プライベートで悩んでいても、教員でいる限り学校には居場所があるよ」「頑張れないときも、ここ（職員室）にいていいんだよ」「元気になったら子どもたちのこと、また一緒に考えようね」**と声をかけてあげたいと思っています。

そのためにも、若手さんと接するときに、「今日、表情が沈んでいるのは、もしかしてプライベートで何か苦しい思いをしているからなのかな？」という視点も心の片隅に置いておきたいものです。ただの思い違いだったとしても、優しさや温もりのある一言に救われて、ポジティブに前を向ける若手さんが増えるといいなと思います。

### ◆若手の多様な価値観を尊重する

「ワークライフバランス」と言われるようになって久しいですが、何を最優先にして、何を大切にしたいのか、価値観は人それぞれです。家庭を最優先にしたい人もいれば、仕事を最優先にしたい人もいます。そんな多様性を尊重するためにも、若手さんのライフステージや「何を大切にしたいと思っているのか」を知ろうとすることが大切です。

こんな説を聞いたことがあります。**人間が死ぬ間際に思い出すのは仕事のことではなく、家族や友人などプライベートなことのほうが多い**というのです。この説から学ぶべきことは、単純に「どちらがいいか」という比較ではなく、「自分が納得のいく人生を歩むには何を選択していくとよいのか」を問うことが大切だということではないかと感じます。

私は自分が関わった後輩たちには、自分の価値観に沿った納得のいく選択をして、悔いのない人生を歩んでほしいと思っています。現実は厳しくとも、本来は教員がそれぞれの価値観に合った選択ができる職場であることが理想だと思います。

## ◆制度を伝える

若手さんの中には、福利厚生などの制度自体をよく知らないままの人もいると思います。初任者としてバタバタと着任した後、休暇制度や福利厚生に関して丁寧に説明を受ける機会はなく、通常は「この冊子に目を通しておいてください」と言われるのみです。そして、忙しくて冊子に目を通す余裕もないまま月日が過ぎ、気付いたら4～5年が経ってしまっていたというようなケースも少なくありません。

お恥ずかしい話ですが、私自身がそうでした。

きちんと自分で冊子を読んで理解をしておけばよかったのですが、毎日忙しくしていると「休暇をいただく」こと自体が滅多にないため、いざ自分が休むことになるまで制度自体をよく知らないままでした。

そのため、家族が亡くなったときも「えっ、もう出勤するの？　大丈夫なの？」と心配されたり、後になって「あのときこういう制度があったんだ。知っていればそうしたのに」と残念な気持ちになったりすることもありました。

「どうせ使う機会なんてないでしょ」「休暇なんて取らないからいいよね？」ではなく、初任者や若手さんが制度について正しく理解できるように、事前に情報を得る機会を与えることはとても大切だと思います。少しおせっかいになったとしても、世間話の中などで「こういう制度もあるんだよ」と伝えられるとよいでしょう。

# 私はこの先、教師としてどうなりたいのだろう

## 若手さんの心の声

教師になって5年目になった。自分でもここまでよく続いたと思う。

大きめの行事のチーフも経験したし、一通りの仕事は回せるようになった。

最近は子どもたちもやっと「先生」として認めてくれるようになった気がする。

後輩たちも慕ってくれているし、先輩ともいい関係だ。

去年、初めて卒業生を送り出したときは、涙で顔がぐしょぐしょになった。最近ようやく「教師って本当に素晴らしい職業だな」と思える。

とんでもなく忙しくて、プライベートの時間もほとんどないけど、それでもこの仕事が好きだ。

続けてきてよかった。

もうしばらく教師として頑張ってみようと思う。

でも、これから私はいったい何に向かっていったらいいんだろう。

教師として何をしたいのか、どんな教師になりたいのか…。

## ◆夢を語ろう

突然ですが、あなたはどんな夢を思い描いているでしょうか。

「夢」という言葉が大げさなのであれば、「教師としてどうなりたいか」や「教師として何をしたいか」といった「未来へのビジョン」と言い換えてもかまいません。

ある日、家でＡＫＢ４８のドキュメンタリー番組を見ていたときのことです（私が教員になりたての頃は、ちょうどＡＫＢ４８の全盛期でした）。当時センターを務めていた前田敦子さんが「ＡＫＢ４８に入ってよかったことは何ですか？」とインタビューされた際に、こう答えていました。

**「毎日に夢がある気がします」**

このとき私は、とても感銘を受けたことを、今も鮮明に覚えています。

当時の私は、両手いっぱいに夢と希望を抱えて教育現場に飛び込んできたはずなのに、慣れない仕事に戸惑って、「自分なんて教師に向いていない」「いっそ辞めてしまいたい」と思っては心が折れそうになっていました。

毎日自転車操業で、明日の授業がうまくいくかどうかもわからないのに、教員としての長期的なビジョンなんてもてるはずがありません。そんなときに、キラキラとした顔で「毎日に夢がある気がします」と答える彼女を見て、こう思わずにはいられませんでした。

「私も『毎日に夢がある』と言えるような教員生活を送りたい」「『毎日に夢をもてる』教員になりたい」と。

それからというもの、「この人はすごいな」と思う先輩教員や、「この人はどんなことを考えているんだろう」と興味をもった人に出会うたびに、失礼を覚悟の上で「先生の夢は何ですか？」「毎日楽しいですか？」と質問してみるようになりました。

自分の目の前で夢を語ってくれる先輩の存在は、とても貴重です。どんな小さなことでも、未来や夢について語れる人の顔は輝いています。そんなポジティブな瞬間に立ち会えると「自分もこの人みたいに何かを見つけたい」「この先生みたいに前向きに生きたい」というエネルギーが湧いてきます。

**「A先生ってさ、教員として将来どうしたいとか考えてみたことある？」**

**「B先生は将来やってみたいこととかある？」**

たまには思い切って、こんな問いを後輩たちに投げかけてみてはいかがでしょうか。「えっと、前川先生はどうなんですか？」と質問返しをされるのを覚悟の上で…ですが（笑）

今の教育現場は、夢をもつモチベーションや、夢を語る余裕がない現状だとは思います。

しかし、こんな時代だからこそミドルリーダーのみなさんには、後輩たちと未来や夢について語り合える関係性を築いてほしいと思います。

## ◆ロールモデルが成長を加速させる

「この先生みたいになりたい！」というロールモデル（生き方の手本となる人）に出会えると、その後の成長は驚くほど早くなります。ロールモデルは、身近な人のほうが参考にしやすいですが、そうでなくてもかまいません。メディアを通して感銘を受けた人や、オンラインで出会った人でもいいでしょう。

本来ならば、後輩が自分の力でロールモデルを見つけ出すことが理想です。しかし、教科の研究会や民間主催のイベントなどに自ら足を運ぶなどしていないと、なかなか新しい出会いは生まれません。そのようなときは、ミドルさんの知人や、感銘を受けた人を紹介してみるのもよいでしょう。

中には「この人みたいにはなりたくない」と思う出会いもあるかもしれませんが、そのような場合も反面教師として受けとめればよいわけで、貴重な学びの一つです。どこでどのような発見があるかはわからないので、いろいろな刺激を受けられる機会をたくさんつくることが大切です。

私は教員生活8年目にして、当時麹町中学校の校長だった工藤勇一先生に出会いました。工藤先生の講演を聴いて、いてもたってもいられなくなった私は、自分の思いを綴った長い手紙を書くことにしました。そして、当時の麹町中の校長室を訪ねて、「どうしたら工藤先生のもとで働くことができますか？」「今すぐに働くことが難しくとも、それに値する素養は身に付けたいので、工藤先生のような人のもとで働くために必要な素養を教えてください」と質問をしました。

残念ながら、そのときは働かせてもらうことができませんでしたが、工藤先生に出会って新たな視点を得た私の教員生活は、たちまち夢のあるものに変わっていきました。

誰に影響を受けるかは人それぞれですので、何がきっかけになるかはわかりません。

ただ、一つだけ言えるのは「出会いによって人生は大きく変わる」ということです。子どもたちもそうですが、教師も同じです。いい出会いこそが人を育てます。誰と出会い、誰と一緒に過ごすかを決めるのは、ほかの誰でもない自分自身です。

今、みなさんが接している若手さんたちにも、いつか教員人生を大きく変えるようなよいロールモデルとの出会いが訪れることを願っています。

### ◆走りながら考える

夢がある に越したことはないですし、毎日が楽しいに越したことはありません。

しかし、反対に「夢なんてない」「毎日が楽しくない」状態であっても、何も後ろめたく感じることはないと思います。それが現状なのであれば、仕方のないことです。

そんなときでも私は後輩たちに、立ち止まらずに「走りながら考える」ことをすすめています。気が乗らないときに、無理に高度を上げて飛ぼうとする必要はありません。淡々と**「低空飛行をする」**のも一つの手段です。

そうやって自分にできることを重ねていくうちに、自分では進んでいないように見えていても、実は意外と前進できていることもあるものです。自分が動いていると少しずつ視点が変わり、その時々で見える景色も変わってきます。ですので、私は「『無理に焦らず、走りながら考える』でいいんだよ」と後輩たちには伝えるようにしています。

一方で、**「学校の外に出てみよう！」**ということは声を大にして伝えたいことです。

4～5年目の時期に訪れる停滞期を打破するためには、とにかく学校の外の刺激を受けるのが一番です。校外の研修や研究会に出かけたり、民間の人が集まる勉強会に参加したりすることによって、「学校」や「教員」というものを俯瞰して見る視点をもつことが大切です。

# 異動がこわい…

若手さん、3月末で異動が決まったよ
ニコーッ
い、異動!?
ア…
…
どうしよう次の学校で本当に自分は通用するんだろうか…
ああ、不安しかない
ウゥ…
ウッ…
3時間後
若手さん…
不安なのはわかるよ
でも、若手さんならもう大丈夫!太鼓判を押すよ
…本当ですか?ミドルさんがそういうなら…
ギィ…

## 若手さんの心の声

いよいよ初異動。初任からお世話になったこの学校を卒業するときがやってきた。

正直、ワクワク感よりも不安感のほうが大きい。

この学校で、このメンバーだったから何とかやれていただけなのかもしれない。

みんなと別れるのは寂しい。

通勤経路も変わるし、何も知らない場所で、初めて出会う人たちとうまくやっていけるかなぁ。

管理職には「2校目では『当然できる人』として見られるからね」なんて言われた。

先輩の中には、異動先の学校が大変すぎて、心を病んでしまった人もいる。

異動先の学校で、自分はちゃんとやっていけるのだろうか…。

異動がこわいよ…。

## ◆「大丈夫だよ」の一言が力となる

若手さんにとって、初めての異動は恐怖でしかありません。どんな学校に異動するのか、果たして自分が他の学校で通用するのかなど、不安は募るばかりです。

私もこれまで、何人もの若手教員の異動を見送ってきましたが、不安そうな若手さんにこんな言葉をかけている先輩の姿に心を打たれました。

**「私は、A先生の姿を3年間同じ学年で見てきましたが、本当に見違えるほど成長しました。もうどこに行っても大丈夫。どこに行っても恥ずかしくないし、今後どの学校に行ったとしても十分にやっていける立派な教員になりました。だから、安心してこの学校を巣立って、次の学校でも頑張ってください」**

この言葉をかけてもらった本人も、私を含め周りで聞いていた教員も、みんな涙を流していました。

本当に大丈夫かなんて、異動してみなければ誰にもわかりません。でも、こうして「どこに行っても大丈夫なくらい成長した」というお墨つきをもらえること自体が、次の一歩を踏み出す勇気を若手さんに与えてくれるのだと思います。

この経験から、私は異動を不安に思っている若手さんには、**「自分の目で見てきた若手さ**

**んの成長の中身を、なるべく解像度の高い言葉で伝える」**ことを心がけるようにしています。

## ◆異動先への期待は禁物

私は異動の経験は少ない方ですが、それでも数少ない経験から学んだことがあります。それは「異動先への期待は禁物」ということです。周囲の経験談を聞いていても、夢いっぱいで期待に胸を膨らませて異動すると、特に2校目となる異動はたいていの場合、がっかりすることが多いようです。

そのため、私はいつも異動する若手さんに過度な期待を抱かせないように、あえて「ものすごく悪い想像をしておいたほうが、理想とのギャップに苦しまなくて済むよ」と伝えるようにしています。

初異動先の2校目でうまく適応できずに心のバランスを崩してしまう若手さんは少なくありません。事前に期待を高めすぎてつぶれてしまうよりは、期待値を下げて「まぁ、こんなものだろうな」と思いながら、徐々に自分らしさを発揮していくほうがよいと思います。

### ◆異動は教員にとって最良の研修である

「異動は教員にとって最良の研修である」と、よく言われます。まさにそのとおりだと思います。新しい環境に身を置くことは、とても貴重な学びをもたらしてくれます。

私自身は初任校に7年間勤め、とても充実した時間を過ごすことができたので、以前は一つの学校に長くいたほうがよいと考えていました。しかし、最近は初任者は一つの学校のやり方に固執せず、なるべく早い段階に異動して他の学校のやり方を知ったほうが、視野が広がってよいなと思うようになりました。「可愛い子には旅をさせよ」です。

そこで、異動する後輩たちには「異動先で自分のイメージと違うことがたくさんあったとしても、そこでの経験がきっとあなたの成長の糧になるよ」ということもあわせて伝えるようにしています。

### ◆先輩の「しくじり話」が勇気を与える

ここでも若手さんを勇気づけるのは、先輩教員の「しくじり話」です。「備えあれば憂いなし」という言葉がありますが、若手さんは先輩の失敗談から教訓を得て、自分のやるべきことを見いだそうとします。

「異動先に前の学校と同じテンションで行ったら白い目で見られちゃってさ〜」とか『前の学校では』という言葉は嫌われるから禁句にしたほうがいいよ」など、異動先での失敗談や心得を話してあげるとよいでしょう。

あくまでも若手さんを勇気づけることが目的ですので、自分の「しくじり」をその後どう克服していったのかや、「こうするとうまくいったよ」といったポジティブな経験談も交えて話してあげられるといいですね。

**◆最後は「いってらっしゃい」で送り出す**

最後の出勤日、いよいよ初任校を立ち去るときがやってきたら、若手さんはきっと後ろ髪を引かれる思いで職員室を後にすることでしょう。そんなとき、温かく「いってらっしゃい」と送り出せる教員集団でありたいと私は思っています。

「いってらっしゃい」には、「あなたの新しい一歩をみんな応援しているよ。困ったときはいつでもこの学校に帰っておいで。ここには、初任者時代から一所懸命に頑張ってきた、あなたと子どもたちの思い出がたくさんあるよ。あなたならきっと大丈夫」というエールが詰まっています。もし、若手さんが異動先で元気をなくしてしまったときには、学校行事や食事会にでも誘って「おかえりなさい」と温かく迎えてあげたいものです。

私は、若手さんと同じ職場でなくなったとしても、教育と真摯に向き合っている限りは「一緒に未来の社会をつくる仲間」「一緒に教育を変えていく仲間」であり、よい関係を続けていきたいと思っています。

子どもたちを育て、未来の社会をつくるのは「現任校」という一つの小さな枠組みだけではありません。若手さんには「現任校」の一歩外に出て「学校」をもっと広い意味で捉え直し、視野を広げてほしいと期待しています。

そんな未来への期待を込めた「いってらっしゃい」を若手さんに伝えることができたなら、きっと最高だと思います。

PART 4

# 解説
# 「誰一人取り残さない職員室」をめざして

### ◆最高のミドルリーダーとは

もともと、教員は「人を育てるプロ」です。

と言うと、『人を育てる』とは何か」ということについて考える必要が出てきますが、私はこれを勝手に「学ぶ心に火を灯す」ということではないかと解釈しています。かの有名なアメリカの教育者、ウィリアム・ウォードがこんな言葉を遺しています。

**平凡な教師は指示をする。**
**よい教師は説明をする。**
**優秀な教師はやって見せる。**
**しかし、最高の教師は子どもの心に火をつける。**

この「教師」の部分を「ミドルリーダー」に置き換え、「子ども」の部分を「若手教員」に置き換えてみると次のようになります。

**平凡なミドルリーダーは指示をする。**

**よいミドルリーダーは説明をする。**
**優秀なミドルリーダーはやって見せる。**
**しかし、最高のミドルリーダーは若手教員の心に火をつける。**

本当に大切なのは、若手教員に指示を出したり、教え込んだりすることではありません。もちろん、サポートをする過程で適切に教えたり指示をしたりする場面は必要です。しかし、最終的には若手教員が自分の力で考え、行動できるようになることが最終の目的です。若手教員の心に火を灯して**「もっと学びたい」「もっと成長したい」**という前向きな思いを育てることこそが、人材育成なのではないかと思います。

### ◆「若手育成力＝児童生徒育成力」である

よく「子どもを育てるのがうまい教員は、教員を育てるのもうまい」と言われます。逆も然りだと思います。「教員を育てるのがうまい人は、子どもを育てるのもうまい」これもまた事実ではないでしょうか。

職員室で聞こえる嘆きとして、次のような言葉をよく耳にします。

**「使える若手が来てくれるとうれしいなぁ」**
**「ちゃんと教わっている人が来てくれるといいけど…」**
**「大人相手に手をかけている暇なんてないよ」**

現場の忙しさも知っていますし、そう言いたくなる気持ちはとてもよくわかります。

ただ、私が言いたいのは、そもそも誰もが「常に配られたカードで勝負するしかない」ということと、「全ての道がローマに通ずる」ということです。

若手育成が結果的に、児童生徒指導力の向上につながります。若手が育てば、子どもも心地よい学校生活を送れるようになります。

逆に、若手が育たなければ、みるみるうちに学校は活気を失ってしまいます。若手が失望して辞めてしまえば、ただちに人手不足に陥り、若手育成にかけるコストよりも遥かに大きな負担が、残された教員たちに課せられるでしょう。そうなると当然、子どもたちにもしわ寄せがいきます。若手育成をおろそかにしてしまえば、未来の教育が廃れていくだけでなく、もっと身近なところで不幸の連鎖が始まってしまいかねないのです。

そのため、**「若手を育てることは子どもを育てることに等しい」「目の前にいる若手を輝かせることができれば、子どもたちもまた輝かせることができる」**ということを、私は強調したいと思っています。

### ◆１００人１００通りの若手さんたち

毎年、職員室には様々な個性をもった若手さんたちがやって来ます。それこそ十人十色、１００人いれば性格も１００通りです。

中には余裕のない現場でミドルリーダーとしてどう接していけばよいのか、頭を悩ませてしまいたくなるようなケースもあることでしょう。本当は若手さん一人一人にそれぞれいいところがあるので、そのよさを発掘していけたらよいのですが、なかなか若手育成に時間をかけることができないミドルリーダーの苦悩も、痛いほどよくわかります。

### ◆「誰一人取り残さない職員室」をめざして

「多様性を尊重する」というのは、言葉で言うのは簡単ですが、実際にやろうと思うと並大抵の苦労ではありません。価値観や考え方が固まっている大人の人間関係においてはなおさらです。私自身も、全ての若手教員たちと相性がいいわけではありませんし、苦手な人とのコミュニケーションにはいまだに自信をもてない部分もあります。

ただ、一つだけ心がけているのは、仮に自分とは全く違う考え方の相手だったとしても**「相手の立場に立って知ろうとする」**ことです。かつて自分に関わってくれた先輩たちがそうしてくれたように、私自身も対話を通して、若手教員たちの思いや考え方を「知ろうとする」ことを大事にしたいと思っています。

もし、子どもに「多様性を尊重する社会を」と言うのであれば、その前に私たち教員集団が「多様性を尊重する社会」を体現している必要があります。そうでないと、子どもの前で語る言葉がうわべだけのものとなってしまいます。

ミドルリーダーのみなさんは、すでに普段から意識していらっしゃると思いますが、子どもに対して投げかけた言葉は、そっくりそのまま教師自身にも返ってきます。

**「誰一人置き去りにしない社会の実現に向けて、多様性を尊重する社会を目指す」**これらのことを、果たして今私たちがいる職員室でどれだけ意識できているでしょうか。

子どもは、大人を手本にして真似をします。

若手教員も、私たち先輩の姿を手本にして真似をします。

今私たちがつくっている現実が、いずれ未来の現実になります。

未来は、後輩や子どもたちに期待をかけるだけで自然と変わっていくものではありません。未来を変えるのは私たち自身です。

あなたもミドルリーダーとして、目の前にいる若手教員と子どもたちと一緒に、新たな扉を叩いてみませんか？

# エピローグ

「うわぁ、満開だ…」

久しぶりに訪れた初任校。

校庭の大きな桜の木が出迎えてくれている。

たまたま出張で近くまで来たから、懐かしくなって寄ってみた。

初めてこの道を歩いたときは、期待と不安でドキドキしていたなぁ。

あの教室、初めて担任をもった教室だ。懐かしい。

初めて卒業生を見送った日も、今日みたいによく晴れた日だったなぁ。

そうそう、あの小さな窓が職員トイレだ。

昔はあそこでよく泣いてたっけ。

あの頃はいろいろなこと、できなかったなぁ…。

あのとき声をかけてくれたミドルさんに、久しぶりに連絡してみようかな。

それにしても、人って変わるものだ。
あんなに毎日つらかったのに、
あんなに毎日辞めたいと思っていたのに、
そんな私も今や若手を育てる立場になってしまった。
教師の仕事は相変わらず大変だ。
たまに心が折れそうになる。
でも、今の私なら自信をもって言える。

教師の仕事って、本当に素晴らしい。
教育って、夢と可能性に満ちあふれている。

もちろん課題はたくさんある。
今の私の目標は、子どもたちが目を輝かせながら学べる学校にすること。
そのために、これから教師になる若手たちが夢をもてる職場にすること。
まだ見ぬ未来の新しい教育に向かって一歩を踏み出すこと。

そして、教育の現場から世の中へと発信していくこと。

ここまで来られたのは、
子どもたちや保護者、同僚の先生たちがたくさん支えてくれたおかげだ。
だから、次は私の番。
今度は私が支える側に回りたい。
自分が勇気づけてもらったように、今度は私が誰かを勇気づけるんだ。
きっと、そうやって学校は未来へとつながっていく。

初任校の玄関ドア。
ここからすべてが始まったんだ。
大丈夫。今も変わらずここにある。

さあ、新たな一歩を踏み出そう。
「行ってきます」

まだまだ人生はこれからだ。

# おわりに

「雨ふって地固まる」

若手さんとミドルさんが共に悩み、失敗しながら成長していく姿を見ていると、そんな言葉が浮かんできます。トラブルやネガティブな出来事は、何も悪いことばかりではありません。乗り越えたその先には、大きな成長や幸せな人生が待っている、ということも多々あります。

悩む力がある若手さんには、その反動で大きく成長する力があります。後ろ向きになる若手さんは、その力の向きを変えて、前向きに行動することだってできます。

ネガティブもポジティブも表裏一体です。オセロのように、一つの駒をきっかけに白と黒がひっくり返る、ということも少なくないものです（もちろん、すべてを白か黒かという二元論のみでとらえられるわけではありませんが…）。

物事は何がきっかけとなって好転するか、誰にもわかりません。

もしかすると、若手さんが成長するカギは、ミドルさんである「あなた」が握っているかもしれません。

「出逢いによって人は育つ」

この言葉は私が大切にしていることですが、ふとした瞬間に運命的な出会いが訪れることがあります。

今回、すやすや子さんにマンガをお願いできたのも、そんな「ご縁」によるものです。私が妊娠中、つわりで寝込んでいたときのことです。たまたまSNSで、すや子さんの出産・育児マンガと出会いました。どのマンガも面白くて、お腹を抱えて涙が出るほど笑いました。

すや子さんのマンガには人を笑顔にする力があります。私は出産から育児まで、とても励まされ、元気をもらいました。

すや子さんのマンガの大ファンになった私は「すや子さんのユーモア溢れるマンガで、全国の先生方に笑顔になってもらいたいんです！」と熱烈なオファーを出しました。快く引き受けて下さったすや子さんには、本当に感謝しています。

また、ここですべての方のお名前を紹介できないことが残念ですが、本書が完成するまでには、たくさんの方が心を尽くし、陰で支えて下さいました。これも「ご縁」と「出会い」

によって生まれた奇跡だと思います。この場を借りて、感謝申し上げます。

実を言うと「トイレの若手さん」は、私自身の姿でもあります。

私も、教員になったばかりの頃は、よくトイレや更衣室に駆け込んで一人で泣いていました。泣くだけ泣いて何事もなかったかのような顔で戻ることもあれば、様子に気づいた先輩が「大丈夫？」と声をかけてくれたこともあります。「お願いだから一人で泣かないで。助けたくても助けられないでしょ」と温かく叱られたこともありました。

さすがにずいぶん減りましたが、自分の不甲斐なさに泣きたくなることは、今でもあります。ですので、私も「トイレの若手さん」と何ら変わりがない、未熟な人間です。

人間、誰しもさまざまな面をもっています。表向きはいつも明るく笑顔でがんばっている人でも、人知れずトイレで泣いていることがあります。前を向ける日もあれば、そうでない日もあります。心のなかは、本人にしかわかりません。

世界は、ほんの一つのアクションから変わっていきます。

勇気を出して、心のドアをそっとノックしてみる。今よりちょっとだけ、近くにいる人の様子を気にかけてみたり、話を聞いて寄り添ったりする。そんな人が増えれば、きっと何かがよい方向へと動き出すのではないでしょうか。

たった一人だけでもいい。

この本をきっかけにして、この世界のどこかにいる「トイレの若手さん」が前を向けるようになってくれたら嬉しいです。

それは、私にとって「世界を変えること」と同じ意味と希望をもちます。

令和5年8月吉日　前川　智美

# 救え!!
# トイレの若手さん

## 若手教師を支える
## ミドルリーダーの接し方

2023（令和 5）年 8 月 20 日　初版第 1 刷発行

著　者　前川智美
発行者　錦織圭之介
発行所　株式会社 東洋館出版社
〒101-0054　東京都千代田区神田錦町 2 丁目 9-1
コンフォール安田ビル 2F
代　表　TEL 03-6778-4343
営業部　TEL 03-6778-7278
振　替　00180-7-96823
U R L　https://www.toyokan.co.jp
装画・漫画　すやすや子
装　幀　中濱健治
制作協力　株式会社コンテクスト
印刷・製本　藤原印刷株式会社

ISBN978-4-491-05285-4　Printed in Japan